Hubert Albus

Balladen

Schicksalhaftes durch drei Jahrhunderte

Kopiervorlagen für die Sekundarstufe I und II

BRIGG Pädagogik

Gedruckt auf umweltbewusst gefertigtem, chlorfrei gebleichtem
und alterungsbeständigem Papier.

2. Auflage 2009
Nach den seit 2006 amtlich gültigen Regelungen der Rechtschreibung

ISBN 978-3-87101-293-8 www.brigg-paedagogik.de

Vorwort

Literaturunterricht, und damit verbunden der Erwerb von Lesekompetenz, gewinnt in unserer Zeit immer mehr an Bedeutung. Die vorliegende Reihe will dazu beitragen, dass literarische Texte leichter erfasst und das Leseverständnis weiter verbessert wird.

Die Reihe „Kompetent in Literatur" umfasst folgende Einzelbände:

1. Kurzgeschichten – Schicksalhafte Lebenssituationen verstehen
2. Balladen – Schicksalhaftes durch drei Jahrhunderte
3. Gedichte – Von Walther von der Vogelweide bis Walter Helmut Fritz
4. Märchen – Es war einmal ...

Jeder Band ist nach demselben Prinzip aufgebaut. Auf ein gut strukturiertes Stundenbild folgt ein optisch wie inhaltlich ansprechendes Arbeitsblatt, das die Quintessenz der betreffenden Unterrichtseinheit darstellt. Dazu werden noch zahlreiche Materialien wie Autorenporträts, Quellenberichte und Bezüge zur Gegenwart mit Bildern und Grafiken angeboten. Das Lösungsblatt folgt unmittelbar dem Arbeitsblatt.
Besonderen Wert legt der Autor auf einen motivierenden Einstieg. Häufig können Sie Bilder einsetzen, die als stummer Impuls an die Tafel (Vergrößerung mindestens auf DIN A3) gehängt bzw., falls Sie diese auf Folie kopieren, an die Wand geworfen werden können und als Sprechanlass dienen.

Für den Unterrichtenden bedeutet der Einsatz dieser Reihe zum einen eine erhebliche Arbeitserleichterung, zum anderen die günstige Chance, Schülern Literatur auf anspruchsvollere Art „schmackhaft" zu machen und nahezubringen.

Viel Freude und Erfolg mit diesem Band
wünschen Ihnen

Autor und Verlag

Inhaltsverzeichnis

Johann Wolfgang von Goethe: Der Zauberlehrling

Lerninhalte:

- Kennenlernen einer Ballade von Johann Wolfgang von Goethe
- Wissen um den Text von Lukian von Samosata, den Goethe als Quelle benutzt hat
- Wissen um den Unterschied zwischen „äußerer" und „innerer" Handlung
- Erkennen der Lehre der Ballade
- Übertragung der Lehre auf die heutige Zeit (Atombombe, Kernenergie, Gentechnologie)
- Kennenlernen der Zeichentrickversion von Walt Disney in „Fantasia"
- Kennenlernen von Vertonungen der Ballade (Carl Loewe und Paul Dukas)

Arbeitsmittel / Medien:

- Besen
- Textblatt (Ballade) • Arbeitsblatt mit Lösung
- Folie 1: Der Zauberlehrling. Holzschnitt von Theobald Freiherr von Oer (1807–1885)
- Folie 2: Biografie Goethes • Folie 3: Bilder Atombombe/Kernenergie/Gentechnologie/ Raumfahrt • Folie 4: Lukian von Samosata • Folie 5: Tschernobyl
- CD (2): Carl Loewe: Lieder u. Balladen. Fischer-Dieskau/Demus. Deutsche Grammophon
- CD: Paul Dukas: „L'Apprenti sorcier". Klassik für Kinder, erklärt u. dirigiert von Gerd Albrecht

Johann Wolfgang von Goethe

Goethe wurde in Frankfurt am Main am 28. August 1749 als Sohn des kaiserlichen Rates Johann Caspar Goethe und der Katharina Elisabeth Goethe, geb. Textor („Frau Rath"), geboren und starb in Weimar am 22. März 1832. Goethe studierte in Leipzig (1765–1768) und in Straßburg (1770/71), wo ihm Herder den Blick für Shakespeare, Homer und die Volksdichtung öffnete. Die Liebe zu Friederike Brion war das stärkste Erlebnis seiner Jugend (Liebesgedichte). 1771 ließ er sich in Frankfurt als Anwalt nieder. Als Praktikant am Reichskammergericht in Wetzlar begegnete er Charlotte Buff, dem Urbild der Lotte in dem Briefroman „Die Leiden des jungen Werthers" (1774), der ihn weltberühmt machte. Im Herbst 1775 folgte er der Einladung des jungen Herzogs Karl August nach Weimar. Hier wuchs er als Freund des Fürsten in hohe Staatsämter hinein (1779 Geheimer Rat). Goethe wurde 1782 geadelt. Unter dem Einfluss von Charlotte von Stein kehrte er sich vom Sturm und Drang seiner Jugendzeit ab. Die italienische Reise (1786–1788) brachte in Goethe den Willen zur klassischen Form zur vollen Reife. Nach seiner Rückkehr entsagte er den meisten Amtsgeschäften. Ab 1788 war er mit Christiane Vulpius befreundet, die ihm 1789 einen Sohn mit Namen August gebar, und die er 1806 heiratete. 1791 bis 1817 leitete er das Weimarer Hoftheater. 1792 begleitete er den Herzog bei der Campagne in Frankreich, 1793 bei der Belagerung von Mainz. Die seit 1794 bestehende Freundschaft mit Schiller regte ihn zu neuen Werken an, darunter auch zahlreiche Balladen. Goethes Altersdichtung wurde u. a. inspiriert von den Liebeserlebnissen mit Minna Herzlieb, Marianne von Willemer und Ulrike von Levetzow. In seinen Greisenjahren beschäftigte sich Goethe wieder stärker mit den Naturwissenschaften, die ihn schon früher begeistert hatten. Sein dichterisches Vermächtnis sind der Roman „Wilhelm Meisters Wanderjahre" und der zweite Teil des „Faust" (postum 1832).

Verlaufsskizze

I. Hinführung		
Stummer Impuls	Besen	
Aussprache		
Impuls		L: Hexen reiten auf Besen
Aussprache		
Überleitung		L: Die folgende Ballade hat mit einem Besen zu tun.
Zielangabe	Tafelanschrift	Der Zauberlehrling (Johann Wolfgang von Goethe)
II. Textdarbietung		
L trägt Ballade vor	Folie 1 (S. 8)	Der Zauberlehrling (Holzschnitt von Oer)
Spontanäußerungen		
Lehrer teilt aus	Textblatt (S. 7)	Der Zauberlehrling
Schüler lesen		
III. Texterschließung		
1. Teilziel:		Inhaltliche Klärung
Impuls		L: Bilde zu jeder Strophe einen Satz.
Aussprache		
Zusammenfassung	Tafelanschrift	
2. Teilziel:		Quellenbezug
		L: Den Stoff für sein Gedicht hat Goethe von einem griechischen Dichter namens Lukian von Samosata.
	Folie 4 (S. 9)	Der Lügenfreund
Erlesen mit Aussprache		
		L: Warum hat Goethe den Stoff so verändert?
Aussprache		
3. Teilziel:		Sprache und Gehalt
Leitfragen		1. Was ist ein Monolog? 2. Welche unterschiedlichen Emotionen sind beim Zauberlehrling festzustellen? 3. Wie wirken sich diese Emotionen auf die Sprechweise aus? 4. Wie unterscheiden sich die zwei Teile jeder Strophe? 5. Welche Grundaussage will Goethe treffen?
Aussprache		
IV. Wertung		
Stummer Impuls	Folie 5 (S. 10)	Tschernobyl
Aussprache		
Impuls	Folie 3 (S. 13)	Was siehst du auf diesen Bildern? Was haben sie mit der Grundaussage Goethes zu tun?
Aussprache		
Lehrervortrag		Merkmale der Ballade
Zusammenfassung	Tafelanschrift	
V. Sicherung		
Zusammenfassung	Arbeitsblatt (S. 11)	Der Zauberlehrling
Kontrolle	Folie 6 (S. 12)	
VI. Ausweitung		
Hören der Ballade	CD Folien (S. 14–18)	• Komponist: Carl Loewe (1796–1869) Singstimme und Klavier, op. 20 Nr. 2
Aussprache mit Vergleich		
	CD	• Komponist: Paul Dukas (1865–1935) „L'apprenti sorcier", sinfonische Dichtung (1897)
Aussprache mit Vergleich		
Pantomimische Aufführung		

Der Zauberlehrling
(Johann Wolfgang von Goethe)

I Hat der alte Hexenmeister
Sich doch einmal wegbegeben!
Und nun sollen seine Geister
Auch nach meinem Willen leben.
Seine Wort und Werke
Merkt ich und den Brauch,
Und mit Geistesstärke
Tu ich Wunder auch.
Walle! walle
Manche Strecke,
Dass zum Zwecke
Wasser fließe
Und mit reichem, vollem Schwalle
Zu dem Bade sich ergieße.

II Und nun komm, du alter Besen,
Nimm die schlechten Lumpenhüllen!
Bist schon lange Knecht gewesen;
Nun erfülle meinen Willen!
Auf zwei Beinen stehe,
Oben sei ein Kopf!
Eile nun und gehe
Mit dem Wassertopf!
Walle! walle
Manche Strecke,
Dass zum Zwecke
Wasser fließe
Und mit reichem, vollem Schwalle
Zu dem Bade sich ergieße!

III Seht, er läuft zum Ufer nieder;
Wahrlich! ist schon an dem Flusse,
Und mit Blitzesschnelle wieder
Ist er hier mit raschem Gusse.
Schon zum zweiten Male!
Wie das Becken schwillt!
Wie sich jede Schale
Voll mit Wasser füllt!
Stehe! stehe!
Denn wir haben
Deiner Gaben
Vollgemessen! –
Ach, ich merk es! Wehe! wehe!
Hab ich doch das Wort vergessen.

IV Ach, das Wort, worauf am Ende
Er das wird, was er gewesen.
Ach, er läuft und bringt behende!
Wärst du doch der alte Besen!
Immer neue Güsse
Bringt er schnell herein,
Ach! und hundert Flüsse
Stürzen auf mich ein.
Nein, nicht länger
Kann ich's lassen;
Will ihn fassen.
Das ist Tücke!
Ach, nun wird mir immer bänger
Welche Miene! welche Blicke!

V O, du Ausgeburt der Hölle!
Soll das ganze Haus ersaufen?
Seh ich über jede Schwelle
Doch schon Wasserströme laufen.
Ein verruchter Besen,
Der nicht hören will!
Stock, der du gewesen,
Steh doch wieder still!
Willst's am Ende
Gar nicht lassen?
Will dich fassen,
Will dich halten,
Und das alte Holz behende
Mit dem scharfen Beile spalten.

VI Seht, da kommt er schleppend wieder!
Wie ich mich nur auf dich werfe,
Gleich, o Kobold, liegst du nieder;
Krachend trifft die glatte Schärfe.
Wahrlich! brav getroffen!
Seht, er ist entzwei!
Und nun kann ich hoffen,
Und ich atme frei!
Wehe! wehe!
Beide Teile
Stehn in Eile
Schon als Knechte
Völlig fertig in die Höhe!
Helft mir, ach! ihr hohen Mächte!

VII Und sie laufen! Nass und nässer
Wird's im Saal und auf den Stufen:
Welch entsetzliches Gewässer!
Herr und Meister! hör mich rufen! –
Ach, da kommt der Meister!
Herr, die Not ist groß!
Die ich rief, die Geister
Werd ich nun nicht los.
„In die Ecke,
Besen, Besen!
Seid's gewesen!
Denn als Geister
Ruft euch nur, zu seinem Zwecke,
Erst hervor der alte Meister."

(Aus: Goethes Werke, Bd. 3 Hamburger Ausgabe)

Der Zauberlehrling

Holzschnitt von Theobald Reinhold Freiherr von Oer (1807–1885)

Er wurde 1807 im westfälischen Nottbeck bei Stromberg geboren und starb 1885 in Coswig bei Dresden. Oer war Historien- und Genremaler, Illustrator und Radierer. Ab 1826 war er Schüler von Johann Friedrich Matthaei an der Dresdner Kunstakademie und studierte 1832 bis 1836 bei Friedrich Wilhelm Schadow an der Düsseldorfer Akademie. Im Anschluss unternahm er verschiedene Reisen, u. a. 1837 über Südfrankreich und Algerien nach Rom, Capri und Ischia. Bis zu seinem Tod lebte er in Dresden.

Lukian von Samosata

Lukian, griechischer Schriftsteller, wurde in Samosata am Euphrat (in Syrien) um 120 n. Chr. geboren und starb 180 n. Chr. Er kritisierte in Dialogen, Erzählungen und Briefen mit Satire, Parodie und Ironie die Missstände seiner Zeit: den religiösen Wahn, die Bedeutungslosigkeit der Philosophen und Literaten, die Eitelkeit der Rhetoren und die Leichtgläubigkeit des Publikums.

Der Lügenfreund

Auf der Rückreise trug es sich zu, dass ein Mann aus Memphis mit uns fuhr, ein Schriftgelehrter von erstaunlicher Weisheit und ein wahrer Adept in allen ägyptischen Wissenschaften. Man sagte von ihm, er habe ganze dreiundzwanzig Jahre in unterirdischen Kammern gelebt und sei während dieser Zeit von der Isis selbst in der Magie unterrichtet worden.
Du sprichst, unterbrach ihn Arignotos, von meinem ehemaligen Lehrer Pankrates? War es nicht ein Mann vom Priesterorden, mit geschorenem Kopfe, der keine anderen als leinene Kleider trug – immer in tiefen Gedanken – sprach sehr reines Griechisch – ein hochgewachsener Mann, mit herabhängender Unterlippe und etwas dünnen Beinen?
Von diesem nämlichen Pankrates, versetzte jener. Anfangs wusste ich nicht, wer er war. Wie ich ihn aber, sooft wir ans Land stiegen, unter anderen wunderbaren Dingen, auf Krokodilen reiten und mitten unter diesen und anderen Seetieren herumschwimmen sah und sah, wie sie Respekt vor ihm hatten und ihm mit dem Schwanze zuwedelten: da merkte ich, dass der Mann was Außerordentliches sein musste, und suchte ich mich durch ein aufmerksames und gefälliges Betragen bei ihm in Gunst zu setzen. Es gelang mir auch so gut, dass er mich bald wie einen alten Freund behandelte und an allen seinen Geheimnissen teilnehmen ließ. Endlich überredete er mich, meine Leute zu Memphis zu lassen und ihn ganz allein zu begleiten; es würde uns an Bedienung niemals fehlen, sagte er. Ich gehorchte, und seitdem leben wir folgendermaßen: Sobald wir in ein Wirtshaus kamen, nahm er einen hölzernen Türriegel oder einen Besen oder den Stößel aus einem hölzernen Mörser, legte ihm Kleider an und sprach ein paar magische Worte dazu. Sogleich wurde der Besen oder was es sonst war, von allen Leuten für einen Menschen wie sie selbst gehalten; er ging hinaus, schöpfte Wasser, besorgte unsere Mahlzeit und wartete uns in allen Stücken so gut auf als der beste Bediente. Sobald wir seine Dienste nicht mehr nötig hatten, sprach mein Mann ein paar andere Worte und der Besen wurde wieder Besen, der Stößel wieder Stößel wie zuvor. Ich wandte alles Mögliche an, dass er mich das Kunststück lehren möchte: aber mit diesem einzigen hielt er hinterm Berge, wiewohl er in allem anderen der gefälligste Mann von der Welt war. Endlich fand ich doch einmal Gelegenheit, mich in einem dunklen Winkel verborgen zu halten und die Zauberformel, die er dazu gebrauchte, aufzuschnappen, indem sie nur aus drei Silben bestand. Er ging darauf, ohne mich gewahr zu werden, auf den Marktplatz, nachdem er dem Stößel befohlen hatte, was zu tun sei. Den folgenden Tag, da er Geschäfte halber ausgegangen war, nehm' ich den Stößel und befehle ihm, Wasser zu holen. Sogleich bringt er mir einen großen Krug voll. Gut, sprach ich, ich brauche kein Wasser mehr, werde wieder zum Stößel! Aber er kehrte sich nicht an meine Reden, sondern fuhr fort, Wasser zu tragen und trug solange, dass endlich das ganze Haus damit angefüllt war. Mir fing an, bange zu werden, Pankrates, wenn er zurückkäme, möcht' es übel nehmen (wie es denn auch geschah) und weil ich mir nicht anders zu helfen wusste, nahm ich eine Axt und hieb den Stößel mitten entzwei. Aber da hatte ich es übel getroffen; denn nun packte jede Hälfte einen Krug an und holte Wasser, sodass ich für einen Wasserträger nun ihrer zwei hatte. Inzwischen kommt mein Pankrates zurück und wie er sieht, was passiert war, gibt er ihnen ihre vorige Gestalt wieder; er selbst aber machte sich heimlich aus dem Staube und ich habe ihn nie wiedergesehen.

(Aus: Lukian, Sämtliche Werke, Bd. 1)

Super-GAU Tschernobyl
am 26. April 1986

Lit | Name: ______________________ | Datum: ______________

Der Zauberlehrling
(Johann Wolfgang von Goethe)

Goethe schrieb die Ballade 1797 in der Weimarer Zeit im sogenannten Balladenjahr. Das Motiv des „Zauberlehrlings“ geht auf die Geschichte „Der Lügenfreund“ von Lukian von Samosata (ca. 180–120 n. Chr.) zurück, die Goethe sicherlich in der Übersetzung von Christoph Martin Wieland gekannt hat.

❶ Finde zu jeder der sieben Strophen einen Satz, der den Inhalt der Strophe wiedergibt.

① ______________________________

② ______________________________

③ ______________________________

④ ______________________________

⑤ ______________________________

⑥ ______________________________

⑦ ______________________________

❷ Wie unterscheidet sich Lukians Quellentext von der Ballade Goethes?

❸ Warum hat Goethe diese Änderungen am Quellentext vorgenommen?

❹ Wie unterscheiden sich bei jeder Strophe der erste und der zweite (eingerückte) Teil?

❺ Wie ändern sich im Verlauf der Ballade die Bezeichnungen für „Besen“ und „Wasser“ ? Warum?

❻ Bis zur letzten Strophe ist die ganze Ballade ein Monolog. Welche „Gefühlsbäder“ durchläuft der Zauberlehrling dabei?

❼ Schreibe die Kernaussage der Ballade in das Kästchen unten. Erkläre sie.

❽ Goethes Lehre ist aktueller denn je. Begründe.

Der Zauberlehrling
(Johann Wolfgang von Goethe)

Goethe schrieb die Ballade 1797 in der Weimarer Zeit im sogenannten Balladenjahr. Das Motiv des „Zauberlehrlings" geht auf die Geschichte „Der Lügenfreund" von Lukian von Samosata (ca. 180–120 n. Chr.) zurück, die Goethe sicherlich in der Übersetzung von Christoph Martin Wieland gekannt hat.

❶ Finde zu jeder der sieben Strophen einen Satz, der den Inhalt der Strophe wiedergibt.

① Der Zauberlehrling probiert einen Zauberspruch aus.
② Der verwandelte Besen holt eimerweise Wasser herbei.
③ Der Zauberlehrling vergisst den Rückverwandlungsspruch.
④ Der Besen lässt sich nicht aufhalten, Wasser zu holen.
⑤ Der Zauberlehrling will den Besen mit der Axt zerschlagen.
⑥ Nach der Spaltung schaffen zwei Besen Wasser herbei.
⑦ Der herbeigerufene Meister hilft in höchster Not.

❷ Wie unterscheidet sich Lukians Quellentext von der Ballade Goethes?

Goethe ersetzt die Mörserkeule durch den Besen, die zwei befreundeten Reisegefährten durch Meister und Lehrling, das zufällige Zuhilfekommen durch den herbeigerufenen Meister.

❸ Warum hat Goethe diese Änderungen am Quellentext vorgenommen?

Goethe will mit seiner Ballade belehren. Dazu braucht er eine überlegene, kompetente Persönlichkeit wie den Meister, dessen (soziale) Position glaubwürdig und unantastbar ist.

❹ Wie unterscheiden sich bei jeder Strophe der erste und der zweite (eingerückte) Teil?

1. Teil: äußere Handlung, mehr erzählender Charakter; 2. Teil: „Innere" Handlung, emotional, Besen wird beschwörend, wütend angesprochen

❺ Wie ändern sich im Verlauf der Ballade die Bezeichnungen für „Besen" und „Wasser" ? Warum?

Besen: alter Besen, Knecht, „Ausgeburt der Hölle", Stock, verruchter Besen; Wasser: Bad, Guss, Schwall, Flüsse und Güsse, Wasserströme, entsetzliches Gewässer, Sintflut. Zunehmende Angst / Bedrohung

❻ Bis zur letzten Strophe ist die ganze Ballade ein Monolog. Welche „Gefühlsbäder" durchläuft der Zauberlehrling dabei?

Freude, Unbekümmertheit, Übermut, Triumph, Schrecken, Angst, Entsetzen, Verzweiflung, Wut, Wehklagen, Hoffnung, totale Verzweiflung, Erleichterung

❼ Schreibe die Kernaussage der Ballade in das Kästchen unten. Erkläre sie.

„Die ich rief, die Geister, werd ich nun nicht los."

Goethe will damit aussagen, dass man seine eigenen Fähigkeiten nicht überschätzen und sich vor Mächten hüten soll, die man nicht beherrscht.

❽ Goethes Lehre ist aktueller denn je. Begründe.

Der Mensch spielt mit dem atomaren Feuer (Atombombe, Kernenergie). Die Endlagerung radioaktiven Mülls ist nicht gesichert. Auch Umweltprobleme und ausufernde Technik bedrohen die Existenz des Menschen.

Das Ende des Luftschiffes „Hindenburg“ in Lakehurst (6. Mai 1937)

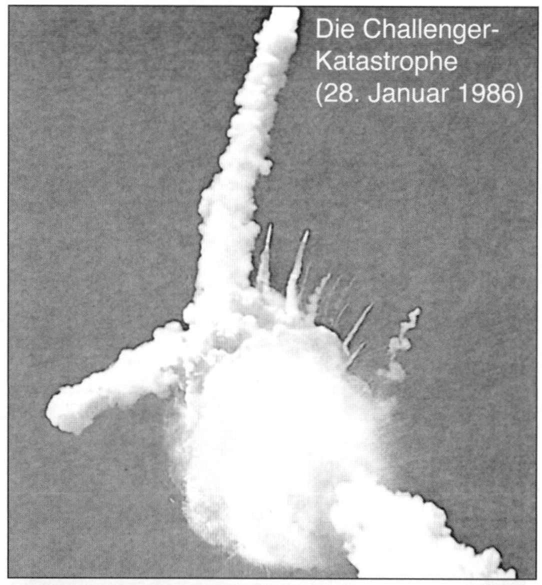
Die Challenger-Katastrophe (28. Januar 1986)

Atombombe auf Hiroshima (6. August 1945)

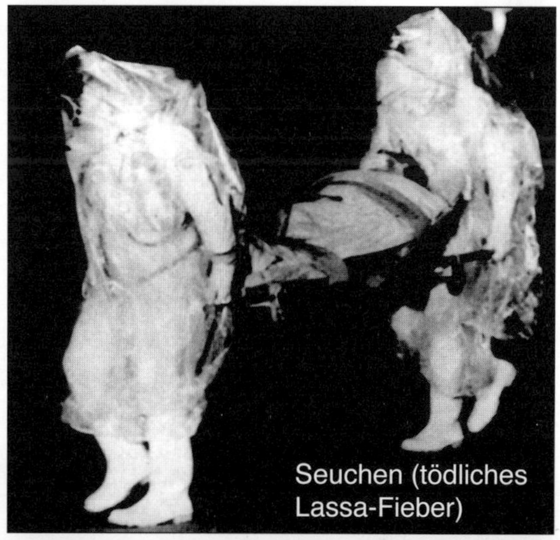
Seuchen (tödliches Lassa-Fieber)

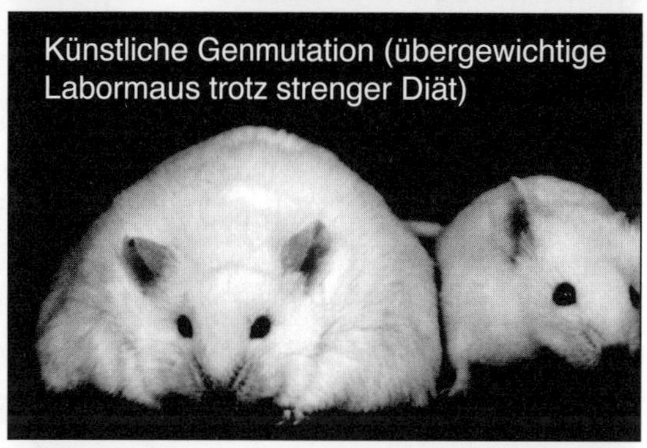
Künstliche Genmutation (übergewichtige Labormaus trotz strenger Diät)

Tomoko Uemura in den Armen ihrer Mutter (Methyl-Quecksilber-Vergiftung)

Der Zauberlehrling

(Goethe)

(Originaltonart)

Op. 20 Nr. 2

und mit rei - chem, vol - lem Schwal-le zu dem Ba - de sich er-gie - ße.
p
Und nun komm, du al - ter Be - sen, nimm die schlech - ten Lum - pen - hül - len!
p
Bist schon lan - ge Knecht ge - we - sen; nun er - fül - le mei - nen Wil - len!
cresc.
Auf zwei Bei - nen ste - he, o - ben sei ein Kopf, ei - - le nun und ge - he
cresc.
sf
mit dem Was-ser-topf! Wal - - le! wal - - le
f
tr

❷

man - che Stre - cke daß zum Zwe - cke Was - ser flie - ße
und mit rei - chem, vol - lem Schwal-le zu dem Ba - de sich er-gie - ße.
p
Seht, er läuft zum U - fer nie - der— wahr-lich! ist schon an dem Flus - se
und mit Bli - tzes - schnel - le wie - der ist er hier mit ra - schem Gus - se.
cresc.
Schon zum zwei - ten-ma - le! Wie das Be - cken schwillt,

3
wie sich je - de Scha - le voll mit Was - ser füllt!
f
Ste - - - - he! ste - - - - he!
f
Ped.
*
denn wir ha - ben dei - ner Ga - ben voll ge - mes - sen!
p
Ach, ich merk es, we - he! we - he! hab ich doch das Wort ver-ges - sen!
p
cresc.
Ach, das Wort, wor - auf am En - de er das wird, was er ge - we - sen.
cresc.
Ach, er läuft und bringt be - hen - de! wärst du doch der al - te Be - sen!
cresc.
Im - mer neu - e Güs - se bringt er schnell her-ein,
cresc.
sfz
sfz
f
ach, und hun-dert Flüs - se stür - zen auf mich ein.
f
Nein, nicht län - ger kann ichs las - sen; will ihn fas - sen.
stacc.
p
Das ist Tü - cke! Ach, nun wird mir im - mer bän - ger,
p

dim.
cresc.
wel - che Mie - ne, wel - che Bli - cke! O, du Aus - ge-burt der Höl - le!
dim.
cresc.
Soll das gan - ze Haus er-sau - fen? Seh ich ü - ber je - de Schwel - le
ff
doch schon Was - ser-strö - me lau - fen. Du ver - ruch - ter Be - sen,
ff
der nicht hö - ren will! Stock, der du ge-we - sen,
steh doch wie - der still! Willst's am En - de
sf
4
tenuto
gar nicht las - sen? Will dich fas - sen, will dich hal - ten,
sf
will das al - te Holz be-hen - de mit dem schar - fen Bei - le spal - ten!
Seht, da kommt er schlep-pend wie - der! Wie ich mich nun auf dich wer - fe,
p
sfz
gleich, o Ko - bold, liegst du nie - der; kra - chend trifft die glat - te Schär - fe,
sfz
p un poco meno Allegro
rit.
wahr - lich, brav ge - trof - fen! Seht, er ist ent-zwei! und nun darf ich hof - fen,
p
p
rit.

5
a tempo
und ich at - me frei! We - - - - he!
ff
f
we - - - he! Bei - de Tei - le steh'n in Ei - le
stacc.
schon als Knech - - te völ - lig fer - tig in die Hö - he!
Helft mir, ach! ihr ho - hen Mäch-te! Und sie lau-fen! naß und näs - ser
p cresc.
p
wirds im Saal und auf den Stu - fen; welch ent - setz - li-ches Ge -
cresc.
wäs - ser! Herr und Mei - ster, hör mich ru - fen!
Ach, da kommt der Mei - - ster! Herr, die Not ist groß! –
dim.
die ich rief, die Gei - ster, werd ich nun nicht los. „In die
E - cke, Be-sen! Be-sen! Seid's ge - we-sen. Denn als
pp
Gei - ster ruft euch nur, zu sei-nem Zwe-cke, erst her - vor der al - te Mei - ster.“
[f]

Friedrich Schiller: Der Taucher

Lerninhalte:

- Kennenlernen einer Ballade von Friedrich Schiller
- Erkenntnis, dass es sich um eine tragische Heldenballade handelt
- Erkennen der Figurenhaftigkeit der Hauptpersonen
- Kenntnis der Spannungskurve der Ballade mit Höhe- und Wendepunkten
- Wissen um die Entstehungsgeschichte der Ballade
- Kennenlernen des Schriftstellers Friedrich Schiller
- Kennenlernen einer Vertonung der Ballade durch Franz Schubert

Arbeitsmittel / Medien:

- Textblätter (2)
- Arbeitsblätter (2) mit Lösung
- Folie 1: Autorenporträt
- Folien 2 / 3: Franz Schubert: Der Taucher (erste und letzte Seite des Klavierauszugs)
- Folie 4: Holzschnitt von Hermann Freihold Plüddemann
- Folie 5: Zur Quellengeschichte
- Folie 8: Spannungskurve der Ballade
- Franz Schubert: Schiller-Lieder Vol. 1 CD Naxos

Friedrich Schiller

Er wird am 10. November 1759 in Marbach (Württemberg) als Sohn des Militärwundarztes Johann Caspar Schiller geboren und stirbt am 9. Mai 1805 in Weimar. Auf Befehl des Herzogs Karl Eugen besucht er die Militärakademie, studiert Jura, seit 1775 Medizin, und wird 1780 Regimentsmedikus in Stuttgart. 1782 wird sein Schauspiel „Die Räuber“ in Mannheim mit überwältigendem Erfolg aufgeführt. Im selben Jahr flieht Schiller mit dem Musiker Andreas Streicher aus Stuttgart, hält sich in Oggersheim, wo er das Trauerspiel „Die Verschwörung des Fiesko zu Genua“ vollendet, und auf dem Wolzogenschen Gut in Bauerbach bei Meiningen auf. Hier arbeitet er an dem bürgerlichen Trauerspiel „Kabale und Liebe“ (1784). 1783/84 ist er Theaterdichter am Mannheimer Theater. Vergeblich sucht er durch Gründung einer Zeitschrift seine wirtschaftliche Lage zu verbessern. Im April 1785 kommt er auf Einladung von Christian G. Körner und anderen sächsischen Freunden nach Leipzig. Er folgt Körner noch im gleichen Jahr nach Dresden. Im Drama „Don Carlos“ (1787) spiegelt sich der Übergang von Schillers Sturm-und-Drang-Zeit zur klassischen Schaffensperiode. 1787 zieht er nach Weimar. Mit der „Geschichte des Abfalls der Vereinigten Niederlande“ und der „Geschichte des Dreißigjährigen Krieges“ tritt er als Geschichtsschreiber hervor. 1789 wird er zum unbesoldeten Professor der Geschichte und Philosophie in Jena ernannt. 1790 heiratet er Charlotte von Lengefeld. 1791 ermöglicht ein dänisches Stipendium philosophische Arbeiten. Im Juli 1794 führt eine Unterredung über die „Urpflanze“ zur Annäherung zwischen Goethe und Schiller. Ein intensiver geistiger Austausch in Form eines Briefwechsels ist die Folge. Von 1795 bis 1797 gibt Schiller die „Horen“ heraus, die bedeutendste Zeitschrift der Klassikerzeit. Nachdem er in ästhetischen Schriften Wesen und Wirkung des Schönen und seinen Zusammenhang mit dem Guten ergründet hat, wendet er sich über philosophische Gedichte („Das Ideal und das Leben“, „Der Spaziergang“) wieder der Dichtung zu. Mit Goethe schreibt er die „Xenien“. Die Gemeinsamkeit des Schaffens setzt sich im „Balladenjahr“ 1797 fort (1797: „Der Taucher“, „Die Kraniche des Ibykus“; 1798: „Der Kampf mit dem Drachen“, „Die Bürgschaft“; 1799: „Das Lied von der Glocke“). Aufgrund einer schweren Erkrankung 1791 gibt Schiller sein Lehramt auf. 1799 siedelt er nach Weimar über. Im Jahre 1802 wird er geadelt. Nach dem Abschluss seiner vieljährigen Arbeit am Wallenstein-Stoff (dramatische Trilogie, 1799) vollendet er nahezu Jahr für Jahr ein neues Drama: „Maria Stuart“ (1800), „Die Jungfrau von Orleans“ (1801), „Die Braut von Messina“ (1803), „Wilhelm Tell“ (1804). Daneben übersetzt er Shakespeares „Macbeth“ (1800), Racines „Phädra“ (1805) und viele andere Schauspiele. Schillers Ideendramen der klassischen Zeit suchen nach einer zeitlosen Form des Schönen und verherrlichen die sittliche Freiheit, die den Menschen, der an ihr festhält, noch im Untergang siegen lässt.

Verlaufsskizze

I. Hinführung		
Stummer Impuls	Tafelanschrift	Der Taucher
Aussprache		
Impuls		L: Das kann gefährlich sein.
Aussprache		
Überleitung		L: Bei der folgenden Ballade geht es um das Tauchen.
	Folie 4 (S. 23)	Der Taucher (Holzschnitt von Plüddemann)
Betrachtung mit Aussprache		
Zielangabe	Tafelanschrift	Der Taucher (Friedrich Schiller)
II. Textdarbietung		
L trägt Ballade vor		Der Taucher
Schüler lesen mit	Folien 6/7 (S. 21/22)	
Spontanäußerungen		
Lehrer teilt aus	Textblätter (S. 21/22)	Der Taucher
Schüler lesen		
III. Texterschließung		
1. Teilziel:		Inhaltliche Klärung
Impuls		L: Bilde zu jeder Strophe einen Satz.
Aussprache		
2. Teilziel:		Quellenbezug
		L: Die Quelle ist nicht geklärt. Wahrscheinlich hat Schiller den Stoff für seine Ballade von einem Pfarrer und Dichter namens Göz.
	Folie 5 (S. 24)	Zur Quellengeschichte
Erlesen mit Aussprache		
3. Teilziel:		Gehalt
Leitfragen		1. Warum springt der Knappe? Motive? 2. Welche Rolle spielt der König in der Ballade? 3. Wie ist die Natur gekennzeichnet? 4. Ist Schillers Ballade eine Naturballade?
Aussprache		
IV. Wertung		
Impuls		Untersuche die Sprache der Ballade. Merkmale?
Aussprache		
Zusammenfassung	Tafelanschrift	Reim, Strophen, Versmaß, Wiederholungen, Alliteration, Hyperbel, Lautmalerei
Impuls	Folie 8 (S. 27)	Spannungskurve der Ballade
Aussprache		
Leitfrage		Welche Grundaussage will Schiller treffen?
Aussprache		
V. Sicherung		
Zusammenfassung	Arbeitsblatt 1 (S. 25)	Der Taucher
Kontrolle	Folie 9 (S. 26)	
Zusammenfassung	Arbeitsblatt 2 (S. 27)	Der Taucher
Kontrolle	Folie 10 (S. 28)	
	Folie 1 (S. 19)	Autorenporträt
Erlesen mit Aussprache		
VI. Ausweitung		
Hören der Ballade	CD	Komponist: Franz Schubert (1797–1828) Singstimme und Klavier, Nachlass Lfg. 12
	Folien 2/3 (S. 29/30)	Erste und letzte Seite des Klavierauszugs
Aussprache mit Vergleich		

Der Taucher
(Friedrich Schiller)

I
„Wer wagt es, Rittersmann oder Knapp,
Zu tauchen in diesen Schlund?
Einen goldnen Becher werf ich hinab,
Verschlungen schon hat ihn der schwarze Mund.
Wer mir den Becher kann wieder zeigen,
Er mag ihn behalten, er ist sein Eigen."

II
Der König sprach es, und wirft von der Höh
Der Klippe, die schroff und steil
Hinaushängt in die unendliche See,
Den Becher in der Charybde Geheul.
„Wer ist der Beherzte, ich frage wieder,
Zu tauchen in diese Tiefe nieder?"

III
Und die Ritter, die Knappen um ihn her
Vernehmen's und schweigen still,
Sehen hinab in das wilde Meer,
Und keiner den Becher gewinnen will.
Und der König zum dritten Mal wieder fraget:
„Ist keiner, der sich hinunterwaget?"

IV
Doch alles noch stumm bleibt wie zuvor,
Und ein Edelmann, sanft und keck,
Tritt aus der Knappen zagendem Chor,
Und den Gürtel wirft er, den Mantel weg,
Und alle die Männer umher und Frauen
Auf den herrlichen Jüngling verwundert schauen.

V
Und wie er tritt an des Felsen Hang,
Und blickt in den Schlund hinab,
Die Wasser, die sie hinunter schlang,
Die Charybde jetzt brüllend wiedergab,
Und wie mit des fernen Donners Getose
Entstürzen sie schäumend dem finstern Schoße.

VI
Und es wallet und siedet und brauset und zischt,
Wie wenn Wasser mit Feuer sich mengt,
Bis zum Himmel spritzet der dampfende Gischt,
Und Flut auf Flut sich ohn Ende drängt,
Und will sich nimmer erschöpfen und leeren,
Als wollte das Meer noch ein Meer gebären.

VII
Doch endlich, da legt sich die wilde Gewalt,
Und schwarz aus dem weißen Schaum
Klafft hinunter ein gähnender Spalt,
Grundlos als ging's in den Höllenraum,
Und reißend sieht man die brandenden Wogen
Hinab in den strudelnden Trichter gezogen.

VIII
Jetzt schnell, eh die Brandung zurückgekehrt,
Der Jüngling sich Gott befiehlt,
Und – ein Schrei des Entsetzens wird rings gehört,
Und schon hat ihn der Wirbel hinweggespült,
Und geheimnisvoll über dem kühnen Schwimmer
Schließt sich der Rachen, er zeigt sich nimmer.

IX
Und stille wird's über dem Wasserschlund,
In der Tiefe nur brauset es hohl,
Und bebend hört man von Mund zu Mund:
„Hochherziger Jüngling, fahre wohl!"
Und hohler und hohler hört man's heulen,
Und es harrt noch mit bangem, mit schrecklichem Weilen.

X
Und würfst du die Krone selber hinein,
Und sprächst: „Wer mir bringet die Kron,
Er soll sie tragen und König sein",
Mich gelüstete nicht nach dem teuren Lohn.
Was die heulende Tiefe da unten verhehle,
Das erzählt keine lebende glückliche Seele.

XI
Wohl manches Fahrzeug, vom Strudel gefasst,
Schoss jäh in die Tiefe hinab,
Doch zerschmettert nur rangen sich Kiel und Mast
Hervor aus dem alles verschlingenden Grab.
Und heller und heller wie Sturmes Sausen
Hört man's näher und immer näher brausen.

XII
Und es wallet und siedet und brauset und zischt,
Wie wenn Wasser mit Feuer sich mengt,
Bis zum Himmel spritzet der dampfende Gischt,
Und Well auf Well sich ohn Ende drängt,
Und wie mit des fernen Donners Getose
Entstürzt es brüllend dem finstern Schoße.

XIII
Und sieh! Aus dem finster flutenden Schoß
Da hebet sich's schwanenweiß,
Und ein Arm und ein glänzender Nacken wird bloß
Und es rudert mit Kraft und mit emsigem Fleiß,
Und er ist's, und hoch in seiner Linken
Schwingt er den Becher mit freudigem Winken.

XIV
Und atmete lang und atmete tief,
Und begrüßte das himmlische Licht.
Mit Frohlocken es einer dem andern rief,
„Er lebt! Er ist da! Es behielt ihn nicht!
Aus dem Grab, aus der sprudelnden Wasserhöhle
Hat der Brave gerettet die lebende Seele."

XV
Und er kommt, es umringt ihn die jubelnde Schar,
Zu des Königs Füßen er sinkt,
Den Becher reicht er ihm kniend dar,
Und der König der lieblichen Tochter winkt,
Die füllt ihn mit funkelndem Wein bis zum Rande,
Und der Jüngling sich also zum König wandte:

XVI
„Lang lebe der König! Es freue sich,
Wer da atmet im rosichten Licht.
Da unten aber ist's fürchterlich,
Und der Mensch versuche die Götter nicht,
Und begehre nimmer und nimmer zu schauen,
Was sie gnädig bedecken mit Nacht und Grauen.

XVII
Es riss mich hinunter blitzesschnell,
Da stürzt mir aus felsichtem Schacht,
Wildflutend entgegen ein reißender Quell,
Mich packte des Doppelstroms wütende Macht,
Und wie ein Kreisel mit schwindelndem Drehen,
Trieb mich's um, ich konnte nicht widerstehen.

XVIII
Da zeigte mir Gott, zu dem ich rief,
In der höchsten schrecklichen Not,
Aus der Tiefe ragend ein Felsenriff,
Das erfasst ich behend und entrann dem Tod,
Und da hing auch der Becher an spitzen Korallen,
Sonst wär er ins Bodenlose gefallen.

XIX
Denn unter mir lag's noch, bergetief,
In purpurner Finsternis da,
Und ob's hier dem Ohre gleich ewig schlief,
Das Auge mit Schaudern hinuntersah,
Wie's von Salamandern und Molchen und Drachen
Sich regt in dem furchtbaren Höllenrachen.

XX
Schwarz wimmelten da, in grausem Gemisch
Zu scheußlichen Klumpen geballt,
Der stachligte Roche, der Klippenfisch,
Des Hammers gräuliche Ungestalt,
Und dräuend wies mir die grimmigen Zähne
Der entsetzliche Hai, des Meeres Hyäne.

XXI
Und da hing ich und war's mir mit Grausen bewusst,
Von der menschlichen Hilfe so weit.
Unter Larven die einzige fühlende Brust,
Allein in der grässlichen Einsamkeit,
Tief unter dem Schall der menschlichen Rede
Bei den Ungeheuern der traurigen Öde.

XXII
Und schaudernd dacht ich's, da kroch's heran,
Regte hundert Gelenke zugleich,
Will schnappen nach mir, in des Schreckens Wahn
Lass ich los der Koralle umklammerten Zweig,
Gleich fasst mich der Strudel mit rasendem Toben,
Doch es war mir zum Heil, er riss mich nach oben."

XXIII
Der König darob sich verwundert schier,
Und spricht: „Der Becher ist dein,
Und diesen Ring noch bestimm ich dir,
Geschmückt mit dem köstlichsten Edelgestein,
Versuchst du's noch einmal und bringst mir Kunde,
Was du sahst auf des Meeres tief unterstem Grunde."

XXIV
Das hörte die Tochter mit weichem Gefühl,
Und mit schmeichelndem Munde sie fleht:
„Lasst, Vater, genug sein das grausame Spiel,
Er hat Euch bestanden, was keiner besteht,
Und könnt Ihr des Herzens Gelüsten nicht zähmen,
So mögen die Ritter den Knappen beschämen."

XXV
Drauf der König greift nach dem Becher schnell,
In den Strudel ihn schleudert hinein,
„Und schaffst du den Becher mir wieder zur Stell,
So sollst du der trefflichste Ritter mir sein,
Und sollst sie als Ehgemahl heut noch umarmen,
Die jetzt für dich bittet mit zartem Erbarmen."

XXVI
Da ergreift's ihm die Seele mit Himmelsgewalt,
Und es blitzt aus den Augen ihm kühn,
Und er siehet erröten die schöne Gestalt,
Und sieht sie erbleichen und sinken hin,
Da treibt's ihn, den köstlichen Preis zu erwerben,
Und stürzt hinunter auf Leben und Sterben.

XXVII
Wohl hört man die Brandung, wohl kehrt sie zurück,
Sie verkündigt der donnernde Schall,
Da bückt sich's hinunter mit liebendem Blick,
Es kommen, es kommen die Wasser all,
Sie rauschen herauf, sie rauschen nieder,
Den Jüngling bringt keines wieder.

Der Taucher

Holzschnitt von Hermann Freihold Plüddemann (1809–1868)

Er wurde am 17. Juli 1809 in Kołobrzeg geboren und starb am 24. Juni 1868 in Dresden. Er war Historienmaler und Illustrator.

Plüddemann war Schüler des Malers Carl Sieg in Magdeburg, von Carl Loseph Begas in Berlin (1828) sowie von Friedrich Wilhelm Schadow in Düsseldorf (1831). Bis 1846 gehörte er der Meisterklasse bei Schadow an. 1848 wechselte er als Professor nach Dresden.

Im Mittelpunkt seines Schaffens als Historienmaler standen Friedrich Barbarossa und Christoph Kolumbus. 1852 erstellte er Illustrationen zu deutschen Sagen, Balladen und Klassikern.

Zur Quellengeschichte

Als eine unmittelbare Vorlage für seine Ballade galt ein Kinderbuch von Christian Gottlieb Göz (1746–1803), Pfarrer in Plieningen und Hohenheim auf den Fildern bei Stuttgart: „Gebete und Unterhaltungen in Liedern und Versen, besonders der Jugend gewidmet“, erschienen 1790 in Stuttgart, herausgegeben von Christoph Friedrich Cotta, Hof- und Kanzleibuchdrucker. In dem Abschnitt „Unterhaltungen mit Kindern über Tische“ wird die Tauchersage erzählt. *„Siehe“, sagte der König, „diesen großen goldenen Becher werfe ich hinein, er ist dein, wenn du ihn herausholst!“ Rasch sprang der Taucher hinten drein.*
Diese gedruckte Vorlage ist offenbar die einzige vor dem Erscheinen von Schillers Ballade „Der Taucher“ vorliegende Fassung, in welcher – wie in Schillers Gedicht – der Name des Tauchers nicht mitgeteilt wird.

Der Taucher heißt sonst „Nicolaus Piscis“, „Nicolaus Pesce“, „Nicola Pesce“ („Nikolaus der Fisch“), „Niklas Fisch“, „Cola Pesce“ („Klaus der Fisch“), „Pescecola“ („Fischnickel“) oder ähnlich. Aus dem Brief Schillers an Goethe vom 7. August 1797 geht aber hervor, dass Schiller den von Herder in einem Brief an ihn vom 28. Juli 1797 bei seinem überlieferten Namen genannten Helden der Tauchersage irrtümlich als Verfasser des Sagentextes auffasst, weswegen alle andern gedruckten Fassungen der Tauchersage als zeitnah benutzte Vorlagen ausscheiden.

Die ältere Annahme, Goethe habe Schiller das Wesentliche der Sage ohne Nennung seiner Quelle und des Tauchernamens mündlich mitgeteilt, ist zwar möglich, ignoriert aber das von Schillers einstigem Verleger Christoph Friedrich Cotta verbreitete Büchlein.

Christian Gottlieb Göz seinerseits hat folgendes Buch des Quedlinburger Pastors Johann August Ephraim Goeze (1731–1793), eines der Aufklärung verpflichteten Bruders des bekannten Lessing-Gegners und orthodox-lutherischen Hamburger Hauptpastors Johann Melchior Goeze (1717–1786), als Quelle benutzt, in welcher der Taucher als „Cola Pesce“ und als „Niklas Fisch“ bezeichnet wird. In dem Buch „Nützliches Allerley aus der Natur und dem gemeinen Leben für allerley Leser“ von Johann August Ephraim Goeze, erstes Bändchen, erschienen 1785 in Leipzig, findet sich auf den Seiten 48 bis 55 die Tauchergeschichte innerhalb des Abschnitts „Was die Menschen fürs Geld zu tun im Stande sind?“

Der Begriff „Charybde“ stammt von einem alten antiken Sagenstoff. An „Skylla“ und „Charybdis“ muss Odysseus mit seinen Schiffen vorbei. Durch die „Skylla“, einem gefräßigen Ungeheuer, und die „Charybdis“, einem alles verschlingenden Meeresschlund, verliert der griechische Held mehrere Schiffe und einen Teil seiner Mannschaft. Die von Homer in seiner Odyssee erwähnten „Skylla“ und „Charybdis“ sollen sich in der Nähe des heutigen Messina (Sizilien) befunden haben.

Aus: http://de.wikipedia.org/wiki/Der_Taucher

Lit	Name: ________________	Datum: ________________	

Der Taucher (1)
(Friedrich Schiller)

Schiller schrieb die Ballade in der Zeit vom 5. bis 14. Juni 1797, in der Weimarer Zeit im sogenannten Balladenjahr. Die Quelle zu dieser Ballade ist nicht restlos geklärt. Vermutlich geht sie auf eine Tauchersage zurück, die in dem von Christian Gottlieb Göz verlegten Kinderbuch „Gebete und Unterhaltungen in Liedern und Versen, besonders der Jugend gewidmet“ abgedruckt ist.

❶ Fasse den Inhalt der Ballade kurz zusammen.

❷ Charakterisiere den Knappen und den König.

❸ Warum springt der Knappe? Finde die Motive für die beiden Sprünge heraus. Wie unterscheiden sich die beiden Sprünge?

❹ Woraus erwächst die Spannung der Ballade?

❺ Wie ist die Natur gekennzeichnet? In welchen Strophen ist sie dominant?

❻ Schillers Ballade ist eine Naturballade. Begründe.

Der Taucher (1)
(Friedrich Schiller)

Schiller schrieb die Ballade in der Zeit vom 5. bis 14. Juni 1797, in der Weimarer Zeit im sogenannten Balladenjahr. Die Quelle zu dieser Ballade ist nicht restlos geklärt. Vermutlich geht sie auf eine Tauchersage zurück, die in dem von Christian Gottlieb Göz verlegten Kinderbuch „Gebete und Unterhaltungen in Liedern und Versen, besonders der Jugend gewidmet“ abgedruckt ist.

❶ Fasse den Inhalt der Ballade kurz zusammen.

An einer Steilküste stürzt sich ein Junge von vornehmer Herkunft (Knappe) nach dreimaliger Aufforderung des Königs freiwillig in das tosende Meer, um einen vom Herrscher geworfenen goldenen Becher wieder heraufzuholen. Es gelingt und der Jüngling berichtet von den Schrecken und Gefahren der Tiefe. Der König wirft den Becher ein zweites Mal in das Meer und fordert einen erneuten Sprung in die Tiefe. Er verspricht dafür die Hand seiner Tochter und den Stand eines Ritters. Der Knappe versucht es erneut, kehrt aber nicht wieder zurück.

❷ Charakterisiere den Knappen und den König.

Knappe: mutig, kühn, auf Ehre bedacht, dankbar, glücklich, leichtsinnig und liebend. König: böse, frevelhaft, Missbrauch des Jünglings zur Befriedigung seiner Neugier; Missbrauch seiner Tochter als Mittel der Beeinflussung des Knappen; zynisch; zerstört wissentlich das Leben des Knappen und das Glück seiner Tochter.

❸ Warum springt der Knappe? Finde die Motive für die beiden Sprünge heraus. Wie unterscheiden sich die beiden Sprünge?

Der erste Sprung ist eine Art Mutprobe. Der Knappe ahnt zwar die Gefahr, kennt sie aber nicht genau. Die Aussicht auf Ehre, Anerkennung und Auszeichnung sind vorrangige Motive. In seiner kindlichen Naivität ist er fast unterwürfig auf den König fixiert. Obwohl beim zweiten Mal die Gefahr bekannt ist, wagt der Knappe den Sprung wieder in jugendlichem Leichtsinn und in einer Art Selbstüberschätzung. Motive sind nun die Verlockung und der Anreiz durch den versprochenen Lohn und die Liebe zur Tochter des Königs.

❹ Woraus erwächst die Spannung der Ballade?

Durch die wörtliche Rede und den Aufbau, der dem klassischen Drama ähnelt, wird dramatische Spannung erzeugt. Auch die Verwendung des Präsens sorgt für Spannung und Direktheit.

❺ Wie ist die Natur gekennzeichnet? In welchen Strophen ist sie dominant?

Das unheimliche Meer ist menschenfeindlich, grausam, unheimlich und birgt zahllose Gefahren. Die Natur ist in den Strophen V/VI/XI/XVI/XVII/XIX/XX/XXI/XXII dominant.

❻ Schillers Ballade ist eine Naturballade. Begründe.

In der schicksalhaften Begegnung des Menschen mit den Schrecken der Tiefe zeigt sich die Übermacht der Natur. Der Tod im Wasser ist unausweichlich, weil sich der Held leichtsinnig sowie aufgrund der versprochenen Vermählung mit der Königstochter ins Wasser stürzt.

Lit | Name: ____________________ | Datum: ____________________

Der Taucher (2)
(Friedrich Schiller)

❼ Welche sprachlichen Mittel weist die Ballade auf? Finde einige Beispiele.

① Lautmalerei

② Übertreibung (Hyperbel)

③ Wortwiederholung

④ Alliteration (Anlautgleichheit)

⑤ Strophen und Versmaß

⑥ Reimschema

❽ Ergänze die Spannungskurve der Ballade. Untersuche dabei den Aufbau auf Höhe- und Wendepunkte. Gib auch die Strophen an.

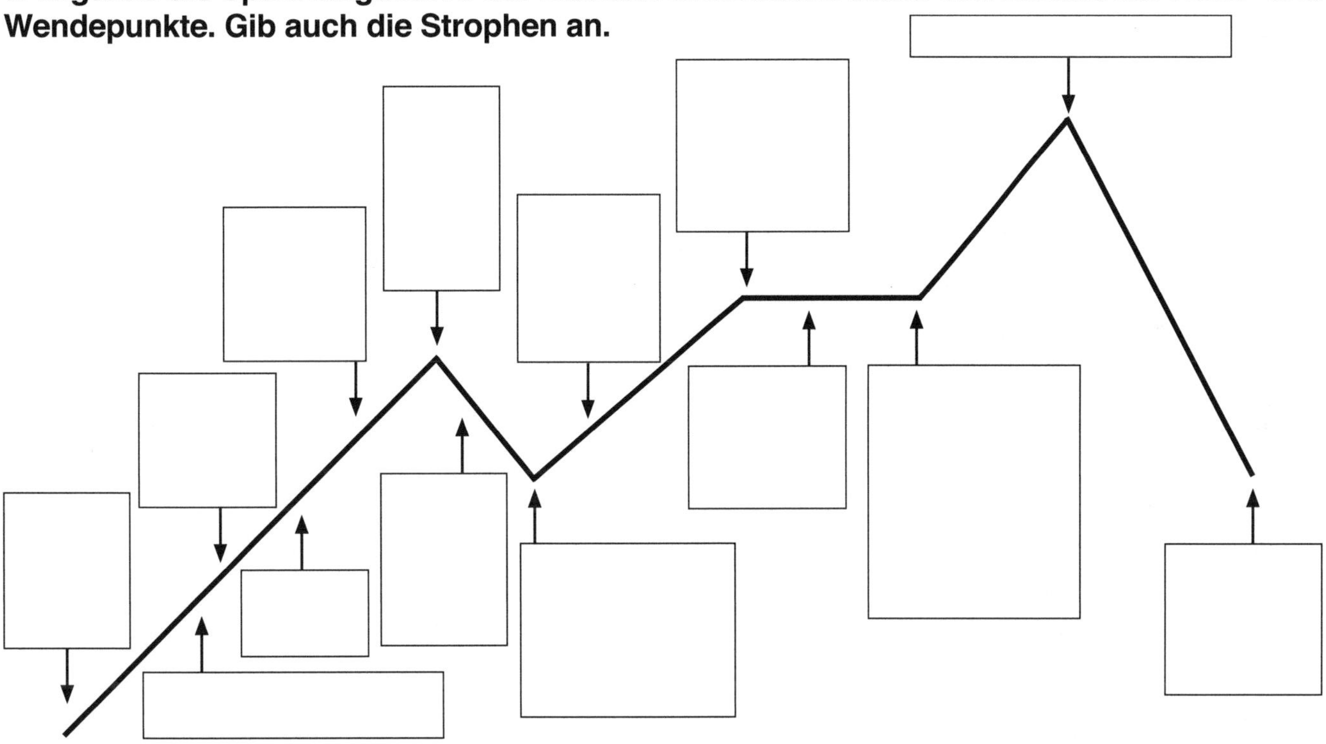

❾ Suche die Textstelle, die den Schlüssel zum Verständnis der Ballade liefert.

❿ Welche Aussage will Schiller mit seiner Ballade treffen? Aktualität?

Lit Lösung:

Der Taucher (2)
(Friedrich Schiller)

❼ Welche sprachlichen Mittel weist die Ballade auf? Finde einige Beispiele.

① Lautmalerei
Und es wallet und siedet und brauset und zischt; brauset hohl

② Übertreibung (Hyperbel)
Bis zum Himmel spritzet der dampfende Gischt

③ Wortwiederholung
Und heller und heller; Hört man's näher und immer näher brausen

④ Alliteration (Anlautgleichheit)
Schäumend dem finsteren Schoße; Und hohler und hohler hört man's heulen

⑤ Strophen und Versmaß
sechszeilige Strophen; unregelmäßiger Daktylus (Unruhe des Meeres)

⑥ Reimschema
A B A B C C (erzeugt Spannung)

❽ Ergänze die Spannungskurve der Ballade. Untersuche dabei den Aufbau auf Höhe- und Wendepunkte. Gib auch die Strophen an.

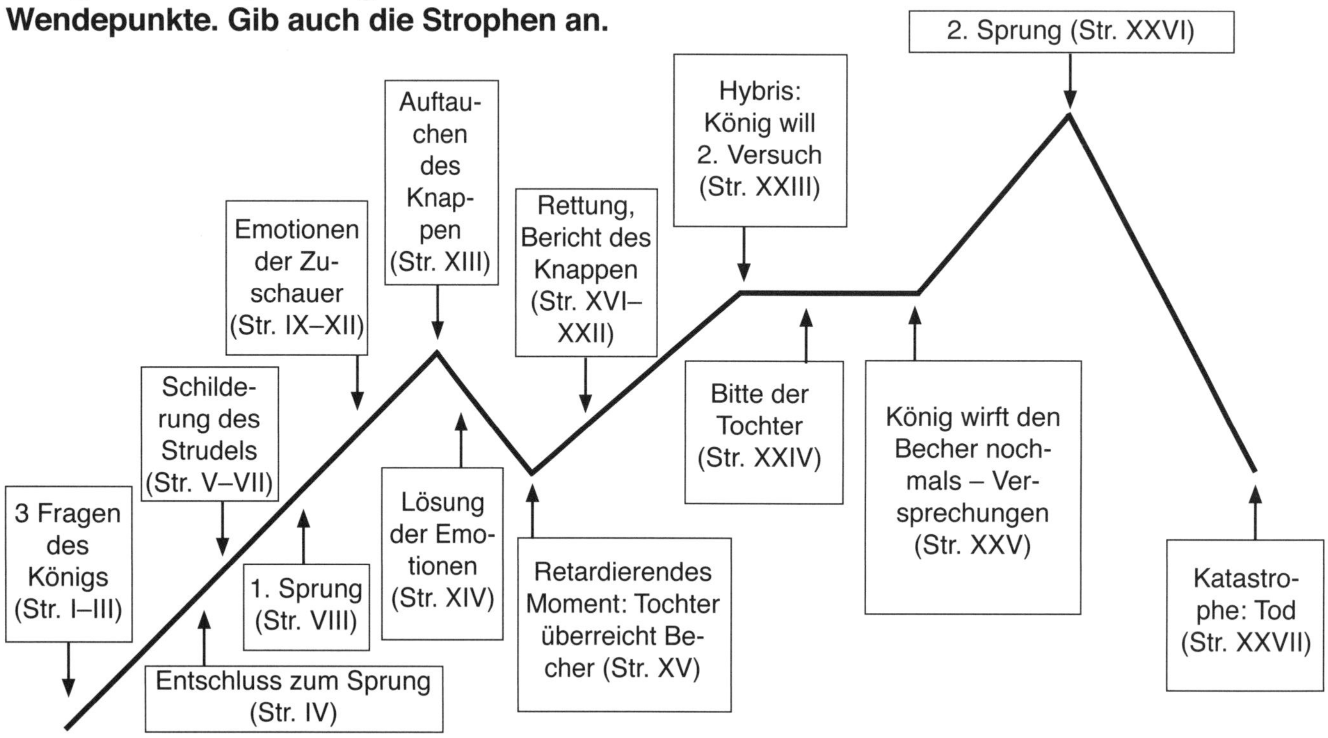

❾ Suche die Textstelle, die den Schlüssel zum Verständnis der Ballade liefert.

... Und der Mensch versuche die Götter nicht, Und begehre nimmer und nimmer zu schauen, Was sie gnädig bedecken mit Nacht und Grauen.

❿ Welche Aussage will Schiller mit seiner Ballade treffen? Aktualität?

Schiller stellt in seiner tragischen Heldenballade die heroische Gestalt eines Menschen dar, der um Ehre und Liebe willen den Kampf mit den Naturgewalten aufnimmt und dabei unterliegt. Die Ballade handelt vom frevelhaften Spiel des Menschen mit dem Menschen und von der Selbstbestimmtheit des Menschen. Der Mensch erliegt oft der sittlichen Versuchung, der Verlockung zur Hybris. Wie aktuell diese Ballade ist, zeigt die Verführung des deutschen Volkes, insbesondere der deutschen Jugend durch Hitler, der ihre Begeisterungsfähigkeit für Ideale wie Treue, Ehre und Vaterlandsliebe schamlos missbraucht hat.

Der Taucher.

Schiller.

Nachlass, Lfg. 12.

277.

lie - ben-dem Blick,
es kom - men, es kom - men die Was - ser all', es kom - men, es
kom - men die Was - ser all', sie rau - - schen her-
auf, sie rau - - schen nie - der, doch den
Jüng-ling bringt kei-nes wie - - der.
pp

Adelbert von Chamisso: Das Riesenspielzeug

Lerninhalte:

- Kennenlernen einer Ballade von Adelbert von Chamisso
- Wissen um den geschichtlichen Hintergrund
- Wissen um den Aufbau der Ballade (Rahmenerzählung – Binnenerzählung)
- Erkenntnis der symbolhaften Darstellung der Ritter als Riesen
- Erkennen der Unterschiede zwischen Sage und Ballade
- Kennenlernen und Beurteilen von Illustrationen der Ballade
- Wissen um die Aussage der Ballade

Arbeitsmittel / Medien:

- Textblatt (Ballade)
- Arbeitsblatt mit Lösung
- Bild für die Tafel: Das Riesenspielzeug (Zeichnung von E. Kaempffer)
- Folie 1: Sage der Brüder Grimm – Burg Niedeck (Nideck) im Elsass
- Folie 2: Lehenspyramide; Frondienst; Übergabe des Zehnt
- Folie 3: Autorenporträt

Adelbert von Chamisso

Er wird unter dem Namen Charles Adélaïde de Chamissot (de Boncourt) am 30. Januar 1781 auf Schloss Boncourt in der Champagne (Frankreich) geboren. Während der Französischen Revolution flieht er mit seinen verarmten Eltern nach Deutschland. Ihr Weg führt durch die Niederlande und Süddeutschland bis nach Berlin, wo sich die Familie 1796 niederlässt. Während die beiden älteren Brüder Chamissos eine Stelle als Hauslehrer annehmen, wird er selbst 1796 Page bei Luise Frederike von Preußen in Berlin. Ab 1798 bis 1807 schlägt er eine Offizierskarriere im preußischen Heer ein. Im Kampf gegen Napoleon wird er 1806 gefangen genommen. Schon von 1804 bis 1806 gibt er zusammen mit Freunden des romantischen Dichterkreises „Nordsternbund" den „Berliner Musenalmanach" heraus. Von 1810 bis 1813 hält sich Chamisso in Frankreich und in der Schweiz auf, wo er zu Gast bei der französischen Schriftstellerin Germaine de Staël am Genfer See weilt. Dort beginnt er sich der Naturwissenschaft, zunächst vor allem der Botanik, zuzuwenden. In den Jahren 1815 bis 1818 nimmt er als Naturforscher an einer Weltumsegelung teil. Diese Expedition erforscht im Pazifik Polynesien und Hawaii. Chamisso kartografiert große Teile der Küste Alaskas, erfasst die Flora Alaskas und beschreibt die Lebensgewohnheiten der Eskimos (= Inuits) und Aleuten. Scharf kritisiert er die dortige russische Kolonialherrschaft. Nach seiner Rückkehr arbeitet Chamisso zunächst als Gehilfe, später als Vorsteher des Herbariums am Botanischen Garten in Berlin. Mit dieser Anstellung ist seine finanzielle Zukunft gesichert. Er heiratet und veröffentlicht 1831 einen Lyrikband mit älteren Gedichten. Chamisso ist Mitglied einer Berliner Freimaurerloge. Er stirbt am 21. August 1838 in Berlin und wird auf dem Friedhof am Halleschen Tor in Berlin-Kreuzberg begraben. In der Nähe liegt der nach ihm benannte Chamissoplatz. Eine Gedenktafel steht in der Friedrichstraße 235 an der Stelle, an der bis 1908 sein Wohnhaus stand.

Von seinen Werken sind sicherlich „Peter Schlemihls wundersame Geschichte" (1814) und die Ballade „Das Riesenspielzeug" (1831) über die Burg Nideck im Elsass die bekanntesten. Mit einem nach ihm benannten Literaturpreis werden seit 1985 in Deutschland Autorinnen und Autoren nicht deutscher Muttersprache ausgezeichnet.

Verlaufsskizze

I. Hinführung		
Stummer Impuls	Bild Tafel (S. 37)	Das Riesenspielzeug
Aussprache		
Überleitung		L: Die folgende Ballade hat dies zum Inhalt.
Zielangabe	Tafelanschrift	Das Riesenspielzeug (Adelbert von Chamisso)
II. Textdarbietung		
Lehrervortrag	Textblatt (S. 33)	Das Riesenspielzeug
Spontanäußerungen		
III. Texterschließung		
1. Teilziel:		Inhaltliche Klärung
Impuls		Ort/Zeit/Personen
Aussprache		
Lehrerinformation		Rund 40 Fassungen allein in Deutschland. Eine endet mit der Zerstörung der Burg; zweimal ist Ungehorsam der Tochter belegt, wobei die „Menschlein" dabei zerdrückt bzw. ertränkt werden.
Impuls		L: Der Ballade liegt eine Sage zugrunde.
	Folie 1 (S. 34)	Die Burg Niedeck (Brüder Grimm)
Erlesen mit Aussprache		
Vergleich mit der Ballade		
Impuls		L: Untersuche den Aufbau der Ballade. Betrachte dabei die Anordnung der Strophen.
Aussprache		
Ergebnis	Tafelanschrift	Rahmenstrophen (erste und letzte Strophe) Symmetrischer Aufbau (II–V; VI; VII–X)
2. Teilziel:		Gehalt
Leitfrage		L: Finde die geschichtlichen Bezüge heraus.
	Folie 2 (S. 38)	Lehenspyramide; Frondienst; Zehnt
Aussprache		
		L: Wieso werden Ritter als Riesen dargestellt? Warum verschwinden sie?
Aussprache		
Ergebnis	Tafelanschrift	
IV. Wertung		
Leitfrage		L: Was will Chamisso mit seiner Ballade aussagen?
Aussprache		
Zusammenfassung	Tafelanschrift	Obwohl der Ritter die Bedeutung des Bauern gezwungenermaßen anerkennt, wird die Zeit überlebte Herrschaftsformen (Feudalherrschaft) eliminieren.
V. Sicherung		
Zusammenfassung	Arbeitsblatt (S. 35)	Das Riesenspielzeug
Kontrolle	Folie 4 (S. 36)	
	Folie 3 (S. 31)	Autorenporträt
Erlesen mit Aussprache		
VI. Ausweitung		
Pantomimische Darstellung mit Vorleser		
Hausaufgabe: Auswendig lernen		

Das Riesenspielzeug
(Adelbert von Chamisso)

I Burg Niedeck ist im Elsass der Sage wohlbekannt,
Die Höhe, wo vor Zeiten die Burg der Riesen stand;
Sie selbst ist nun verfallen, die Stätte wüst und leer,
Du fragest nach den Riesen, du findest sie nicht mehr.

II Einst kam das Riesenfräulein aus jener Burg hervor,
Erging sich sonder Wartung und spielend vor dem Tor,
Und stieg hinab den Abhang bis in das Tal hinein,
Neugierig zu erkunden, wie's unten möchte sein.

III Mit wen'gen raschen Schritten durchkreuzte sie den Wald,
Erreichte gegen Haslach das Land der Menschen bald,
Und Städte dort und Dörfer und das bestellte Feld
Erschienen ihren Augen gar eine fremde Welt.

IV Wie jetzt zu ihren Füßen sie spähend niederschaut,
Bemerkt sie einen Bauer, der seinen Acker baut;
Es kriecht das kleine Wesen einher so sonderbar,
Es glitzert in der Sonne der Pflug so blank und klar.

V „Ei! Artig Spielding!", ruft sie, „das nehm ich mit nach Haus."
Sie knieet nieder, spreitet behend ihr Tüchlein aus,
Und feget mit den Händen, was da sich alles regt,
Zu Haufen in das Tüchlein, das sie zusammen schlägt;

VI Und eilt mit freud'gen Sprüngen, man weiß, wie Kinder sind,
Zur Burg hinan und suchet den Vater auf geschwind:
„Ei Vater, lieber Vater, ein Spielding wunderschön!
So Allerliebstes sah ich noch nie auf unsern Höhn."

VII Der Alte saß am Tische und trank den kühlen Wein,
Er schaut sie an behaglich, er fragt das Töchterlein:
„Was Zappeliges bringst du in deinem Tuch herbei?
Du hüpfest ja vor Freuden; lass sehen, was es sei."

VIII Sie spreitet aus das Tüchlein und fängt behutsam an,
Den Bauer aufzustellen, den Pflug und das Gespann;
Wie alles auf dem Tische sie zierlich aufgebaut,
So klatscht sie in die Hände und springt und jubelt laut.

IX Der Alte wird gar ernsthaft und wiegt sein Haupt und spricht:
„Was hast du angerichtet? Das ist kein Spielzeug nicht!
Wo du es hergenommen, da trag es wieder hin,
Der Bauer ist kein Spielzeug, was kommt dir in den Sinn!

X Sollst gleich und ohne Murren erfüllen mein Gebot;
Denn wäre nicht der Bauer, so hättest du kein Brot;
Es sprießt der Stamm der Riesen aus Bauernmark hervor
Der Bauer ist kein Spielzeug, da sei uns Gott davor!"

XI Burg Niedeck ist im Elsass der Sage wohlbekannt,
Die Höhe, wo vor Zeiten die Burg der Riesen stand,
Sie selbst ist nun verfallen, die Stätte wüst und leer,
Und fragst du nach den Riesen, du findest sie nicht mehr.

Aus: Adelbert von Chamisso, Werke. Hrsg. von M. Sydow, Berlin 1907

Burg Niedeck
(Brüder Grimm)

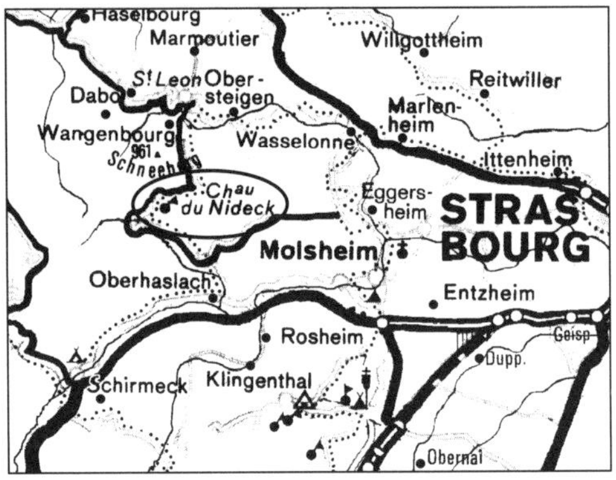

Im Mittelalter wurde niemand mehr geplagt als der arme Bauersmann. Er gehörte als Unfreier dem adeligen Grundherrn, für den er drückende und ungerechte Frondienste leisten musste. Es war ihm untersagt, Land zu erwerben, auch seinen Wohnsitz zu verändern. Wenn die Herren miteinander Kriege (Fehden) führten, so waren gewöhnlich die Bauern die Leidtragenden. Ihr Vieh wurde weggetrieben, ihre Hütten angezündet, ihre Felder zerstampft, auch waren sie von Misshandlung und Gewalttat nicht sicher. Da gebot kein Richter Einhalt und schützte die Wehrlosen. Vertrugen sich die Herren wieder, so fand keiner ein Wort des Bedauerns darüber, dem Gegner so viel Schaden zugefügt zu haben. Die Bauern, die niemand bemitleidete, mussten die Zeche bezahlen, sie durften auch nicht darüber klagen. Die nachfolgende Sage gab aber den übermütigen Junkern eine ernste Lehre.

Im Elsass auf der Burg Niedeck, die an einem hohen Berg bei einem Wasserfall liegt, waren die Ritter früher Riesen.
Einmal ging das Riesenfräulein herab ins Tal, wollte sehen, wie es da unten wäre, und kam bald bis Haslach – westlich von Strassburg – auf ein vor dem Wald gelegenes Ackerfeld, das gerade von den Bauern bestellt ward. Es blieb vor Verwunderung stehen und schaute den Pflug, die Pferde und Ackersmann an. Alles war ihr etwas Neues. „Ei", sprach sie, „das nehme ich mir mit." Gleich kniete sie nieder, breitete ihre Schürze aus, strich mit der Hand über das Feld, fing alles zusammen und tat's hinein. Nun lief sie ganz vergnügt nach Hause, den Felsen hinaufspringend, wo der Berg so jäh ist, dass ein Mensch mühsam klettern muss. Da tat sie einen Schritt und war droben.

Der Ritter saß gerade bei Tisch, als sie eintrat. „Ei, mein Kind", sprach er gütig, „was bringst du da, die Freude schaut dir ja aus den Augen heraus." Da machte sie ihre Schürze auf und ließ ihn hineinblicken. „Was hast du so Zappeliges darin?" „Ei, Vater, gar zu artiges Spielzeug! So etwas Schönes habe ich mein Lebtag noch nicht gehabt." Darauf nahm sie eins nach dem andern heraus und stellte es auf den Tisch: den Pflug, den Bauern, die Pferde, lief herum, schaute es an, lachte und schlug vor Freude in die Hände, wie das kleine Wesen sich so hin- und herbewegte.

Der Vater aber sagte: „Kind, das ist kein Spielzeug, da hast du was Schönes angestiftet! Geh nur gleich und trag's wieder ins Tal."
Das Fräulein murrte, aber es half nichts. „Mir ist der Bauer kein Spielzeug", fuhr der Ritter ernsthaft fort, „trage alles nur sacht wieder an den nämlichen Platz, wo du es gefunden hast. Baut der Landmann nicht sein Ackerfeld, so haben wir Riesen auf unserm Felsennest nichts zu leben."

Aus: Brüder Grimm, Deutsche Sagen.

Lit	Name: ______________________	Datum: ______________

Das Riesenspielzeug
(Adelbert von Chamisso)

❶ Inhalt:

____

____

____

____

____

❷ Was drücken die beiden Rahmenstrophen aus?

____

____

❸ Aufbau der Ballade:

Zeit:

____

(Rahmenstrophe ____)

Ort:

____

____

Zeit:

____

____

Ort: __________

Bauer ist Spielzeug

(Strophen ______)

Aufbau der Strophen symmetrisch

Ort: __________

Riesenfräulein nimmt Spielzeug mit

(Strophe ______)

Ort: __________

Riese schimpft, er weiß um den Wert der Bauern

(Strophen ______)

Zeit:

____

(Rahmenstrophe ____)

Ort:

____

____

❹ Welche geschichtlichen Bezüge stecken in Chamissos Ballade? Gib in Stichpunkten an.

____

____

❺ Was bedeutet die Behandlung des Bauern als Spielzeug?

____

____

❻ Die Darstellung der Ritter als Riesen ist symbolisch zu deuten. Begründe.

____

____

____

❼ Was will Chamisso mit seiner Ballade aussagen?

____

____

____

____

Lit Lösung:

Das Riesenspielzeug
(Adelbert von Chamisso)

❶ Inhalt:

Ein Riesenfräulein nimmt im Tal als Spielzeug einen Bauern samt Pflug und Pferden mit auf die Burg, um es ihrem Vater zu zeigen. Dieser hält seine Tochter an, alles wieder zurückzubringen, denn der Bauer als Ernährer ist auch für die Riesen wichtig.

❷ Was drücken die beiden Rahmenstrophen aus?

In den Rahmenstrophen, die fast wortgleich sind, wird der Verfall der Burg und damit der Ritterzeit ausgedrückt.

❸ Aufbau der Ballade:

Aufbau der Strophen symmetrisch

Zeit: Gegenwart (Rahmenstrophe I)
Ort: Burgruine Niedeck

Zeit: Vergangenheit (Mittelalter)

Ort: im Tal
Bauer ist Spielzeug
(Strophen II–V)

Ort: Weg zu Burg
Riesenfräulein nimmt Spielzeug mit
(Strophe VI)

Ort: in der Burg
Riese schimpft, er weiß um den Wert der Bauern
(Strophen VII–X)

Zeit: Gegenwart (Rahmenstrophe XI)
Ort: Burgruine Niedeck

❹ Welche geschichtlichen Bezüge stecken in Chamissos Ballade? Gib in Stichpunkten an.

Mittelalter; Feudalherrschaft; Lehenspyramide; Ritter als Grundherren beschützen Bauern; Bauern als Leibeigene ernähren Ritter und leisten Frondienste; Abgaben in Form des Zehnt

❺ Was bedeutet die Behandlung des Bauern als Spielzeug?

Das Riesenfräulein steht stellvertretend für die Feudalherren, die in ihrem Egoismus und ihrer Willkür den Bauern zum bloßen Spielball ihrer Macht degradieren.

❻ Die Darstellung der Ritter als Riesen ist symbolisch zu deuten. Begründe.

Zum einen sehen Ritter in ihren mächtigen Rüstungen wie Riesen aus. Zum anderen bedeutet das Riesenhafte die überlegene soziale Position der Ritter. Die verschiedenen Tätigkeiten (Spiel – Arbeit) und die Handlungsorte (Berg – Tal) machen das soziale Gefälle noch mehr deutlich.

❼ Was will Chamisso mit seiner Ballade aussagen?

In Chamissos Aussage steckt der aufgeklärte Merkantilismus, der weitgehend auf dem Prinzip der Gegenseitigkeit beruht. Nicht mehr die feudale Sicht dominiert, sondern die Sicht des aufgeklärten Bürgertums. Chamisso hofft, dass die Zeit als progressive Kraft überlebte Herrschaftsformen und ihre Lebensräume wie z. B. die Feudalherrschaft mit Rittern und Burgen automatisch eliminiert.

Die Lehenspyramide

Im Mittelalter verlieh der König an der Spitze der Lehenspyramide Lehen an weltliche und kirchliche Vasallen. Diese gaben ihre Besitztümer an sogenannte Untervasallen, die Ritter, weiter. Als Gegenleistung mussten diese im Kriegsfall ihren Herren beistehen. Die Nahrung für alle wurde von den Bauern produziert. Man unterschied bei den Bauern sogenannte Freibauern und Hörige, die Leibeigene waren.

Frondienst eines Bauern

Abgabe des Zehnt an den Grundherren

Theodor Fontane: Herr von Ribbeck auf Ribbeck im Havelland

Lerninhalte:

- Kennenlernen einer Ballade von Theodor Fontane
- Wissen um den charakterlichen Unterschied von Vater und Sohn
- Herausfinden des zentralen Themas der Ballade
- Wissen um die Bedeutung der beiden letzten Zeilen der Ballade
- Fähigkeit, Fontanes Ballade in Rollenbesetzung vorzutragen
- Kennenlernen des Lebenslaufs von Theodor Fontane

Arbeitsmittel / Medien:

- Textblatt (Ballade)
- Arbeitsblatt mit Lösung
- Bild 1 für die Tafel: Birne
- Bild 2 für die Tafel: Herr von Ribbeck mit Birnen und ein kleines Mädchen
- Folien 1–3: Karte mit Ribbeck (Havelland); Landschaft Havelland; Baum/Schloss zu Ribbeck
- Folie 4: Autorenporträt
- Illustrationen: Sabine Wiemers

Theodor Fontane

Er wurde am 30. Dezember 1819 in Neuruppin als Sohn eines Apothekers geboren und starb am 20. September 1898 in Berlin. Fontane verbrachte seine Kindheit in seiner Vaterstadt und in Swinemünde. Ab 1833 lebte er, von wenigen Unterbrechungen abgesehen, bis zu seinem Tod in Berlin. 1848 beteiligte er sich an der Märzrevolution in Berlin. Frühe Veröffentlichungen (ab 1839) seiner Novellen, Balladen, Gedichte und politische Aufsätze in Zeitungen und Zeitschriften ermutigen ihn, ab 1849 als freier Schriftsteller zu leben. Nach der Eheschließung mit Emilie Rouanet-Kummer 1850 zwang ihn die Verantwortung für seine Familie in die bürgerliche Existenz eines Journalisten. Er erhält eine Anstellung bei der ministeriellen preußischen Presse. Dennoch sind die Jahre zwischen 1850 und 1870 nicht ohne Belang für das Gesamtbild. Speziell als Korrespondent in London schuf er sich mit Theater-, Kunst- und Literaturkritiken, vor allem aber mit Reisefeuilletons, einen Namen. Ab 1860 war er zehn Jahre lang als Redakteur der streng konservativen Neuen Preußischen (Kreuz-) Zeitung und dort auch als Kriegsberichterstatter tätig. In diesen Jahren erfolgte Fontanes verstärkte Auseinandersetzung mit dem Preußentum wie in dem ersten Band seiner „Wanderungen durch die Mark Brandenburg" und in dem Roman „Vor dem Sturm". Allerdings ließ der journalistische Broterwerb dem Dichter Fontane keine Entfaltungsmöglichkeiten. Erst die Anstellung als Theaterkritiker für das Berliner Königliche Schauspielhaus ab 1870 ermöglichte Fontane die ersehnte Existenz als freier Schriftsteller, denn es verblieb ihm jetzt ausreichend Zeit für seine literarischen Pläne.

Im Alter schrieb er seine großen realistischen Gesellschaftsromane. Darin entwirft er das Bild einer innerlich brüchigen Zeit und greift zeitpolitische und soziale Fragen auf, so in seinen Romanen „Irrungen Wirrungen" (1888), „Frau Jenny Treibel" (1893), „Effi Briest" (1895) und „Der Stechlin" (postum 1899).

Bekannt wurde Fontane auch durch seine Balladen wie „Archibald Douglas", „John Maynard", „Die Brück' am Tay" oder „Herr von Ribbeck auf Ribbeck im Havelland".

Fontane als bedeutendster Romanschriftsteller des deutschen Realismus war ein Meister der scharfen Beobachtung, der differenzierten Milieuschilderung und der Menschendarstellung.

Verlaufsskizze

I. Hinführung		
Stummer Impuls	Bild 1 Tafel (S. 42)	Birne
Aussprache		
Überleitung		L: Darum geht es in der folgenden Ballade.
Zielangabe	Tafelanschrift	Herr von Ribbeck auf Ribbeck im Havelland (Theodor Fontane)
Stummer Impuls	Bild 2 Tafel (S. 46)	Herr von Ribbeck mit Birnen und kleines Mädchen
II. Textdarbietung		
Lehrervortrag	Textblatt (S. 41)	Herr von Ribbeck auf Ribbeck im Havelland
Spontanäußerungen		
III. Texterschließung		
1. Teilziel:		Inhaltliche Klärung
Stummer Impuls	Folie 1 (S. 45)	Geografische Zuordnung: Karte mit Havelland
	Folie 2 (S. 45)	Bild: Seenlandschaft um die Havel
Aussprache		
Stummer Impuls	Bild 2 Tafel (S. 46)	Herr von Ribbeck mit Birne und kleines Mädchen
Aussprache		
Impuls		L: Schwierige Begriffe?
Aussprache mit Ergebnis	Tafelanschrift	• Pantinen (frz.) = Holzpantoffel • Lütt = (norddt.) klein • Büdner = (nddt.) Häusler (arme Leute)
Aussprache		
Impuls		L: Ort/Zeit/Personen?
Aussprache		
Arbeitsauftrag		L: Wie unterscheiden sich der junge und der alte von Ribbeck? Wie stehen sie zu den Kindern? Welches Verhältnis haben sie zu ihren Untergebenen?
	Partnerarbeit	
Textbezüge		
Zusammenfassung		
Ergebnis	Tafelanschrift	
		L: Welche Rolle spielt der Birnbaum?
Aussprache		
	Folie 3 (S. 45)	Geschichtliches zum Birnbaum und zum Schloss
Aussprache		
IV. Wertung		
Leitfragen		Was ist das zentrale Anliegen der Ballade? Schafft der alte Herr von Ribbeck über seinen Tod hinaus neue Verhältnisse? Vergleiche Fontanes Ballade mit klassischen Balladen.
V. Sicherung		
Zusammenfassung	Arbeitsblatt (S. 43)	Herr von Ribbeck auf Ribbeck im Havelland
Kontrolle	Folie 5 (S. 44)	
	Folie 4 (S. 39)	Autorenporträt
Erlesen mit Aussprache		
VI. Ausweitung		
Hausaufgabe: Auswendig lernen		
Rollenlesen (u. U. mit eigenem Dialekt)		

Herr von Ribbeck auf Ribbeck im Havelland
(Theodor Fontane)

I Herr von Ribbeck auf Ribbeck im Havelland,
Ein Birnbaum in seinem Garten stand,
Und kam die goldene Herbsteszeit
Und die Birnen leuchteten weit und breit,
Da stopfte, wenn's Mittag vom Turme scholl,
Der von Ribbeck sich beide Taschen voll,
Und kam in Pantinen ein Junge daher,
So rief er: „Junge, wiste 'ne Beer?"
Und kam ein Mädel, so rief er: „Lütt Dirn,
Kumm man röwer, ick hebb 'ne Birn."

II So ging es viel Jahre, bis lobesam
Der von Ribbeck auf Ribbeck zu sterben kam.
Er fühlte sein Ende. 's war Herbsteszeit,
Wieder lachten die Birnen weit und breit;
Da sagte von Ribbeck: „Ich scheide nun ab.
Legt mir eine Birne mit ins Grab."
Und drei Tage darauf, aus dem Doppeldachhaus,
Trugen von Ribbeck sie hinaus,
Alle Bauern und Büdner mit Feiergesicht
Sangen „Jesus meine Zuversicht",
Und die Kinder klagten, das Herze schwer:
„He is dod nu. Wer giwt uns nu 'ne Beer?"

III So klagten die Kinder. Das war nicht recht,
Ach, sie kannten den alten Ribbeck schlecht;
Der neue freilich, der knausert und spart,
Hält Park und Birnbaum strenge verwahrt.
Aber der alte, vorahnend schon
Und voll Misstraun gegen den eigenen Sohn,
Der wusste genau, was damals er tat,
Als um eine Birn ins Grab er bat,
Und im dritten Jahr aus dem stillen Haus
Ein Birnbaumsprössling sprosst heraus.

IV Und die Jahre gehen wohl auf und ab,
Längst wölbt sich ein Birnbaum über dem Grab.
Und in der goldenen Herbsteszeit
Leuchtet's wieder weit und breit.
Und kommt ein Jung über'n Kirchhof her,
So flüstert's im Baume: „Wiste 'ne Beer?"
Und kommt ein Mädel, so flüstert's: „Lütt Dirn,
Kumm man röwer, ick gew di 'ne Birn."

So spendet Segen noch immer die Hand
Des von Ribbeck auf Ribbeck im Havelland.

Theodor Fontane: Sämtliche Werke Bd. 20, hrsg. von Edgar Groß.

Lit Name: ____________________ Datum: ____________

Herr von Ribbeck auf Ribbeck im Havelland
(Theodor Fontane)

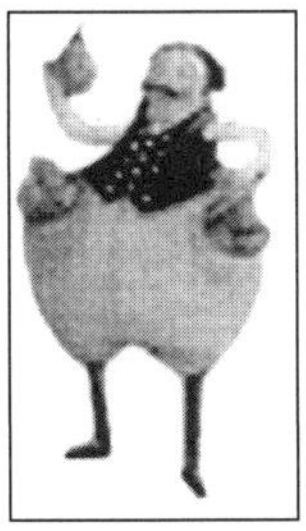

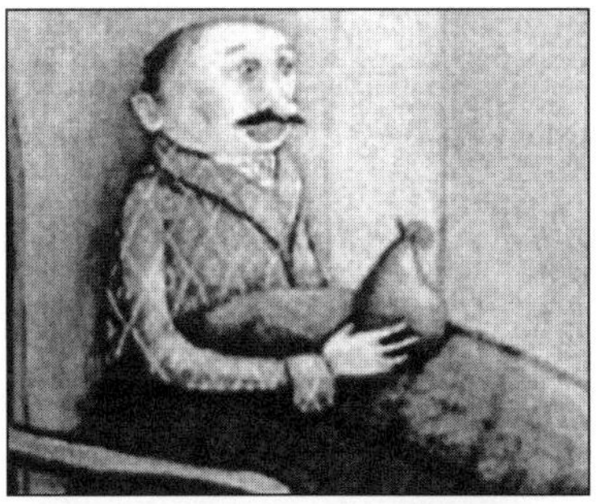

❶ Inhalt:

❷ Charakterisiere Herrn von Ribbeck.

❸ Wie unterscheidet sich der junge Herr von Ribbeck vom Vater?

❹ Wie stehen die Kinder zu den beiden von Ribbecks?

❺ Welche Rolle spielt der Birnbaum? Worin gleichen sich und wo unterscheiden sich beide Bäume?

❻ Was ist das zentrale Thema der Ballade?

❼ Schafft der alte Herr von Ribbeck über seinen Tod hinaus neue Verhältnisse?

❽ Wodurch unterscheidet sich Fontanes Ballade von den klassischen Balladen?

Herr von Ribbeck auf Ribbeck im Havelland
(Theodor Fontane)

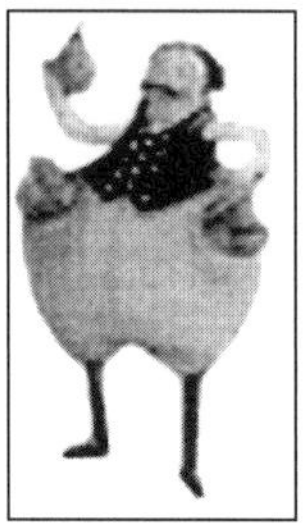

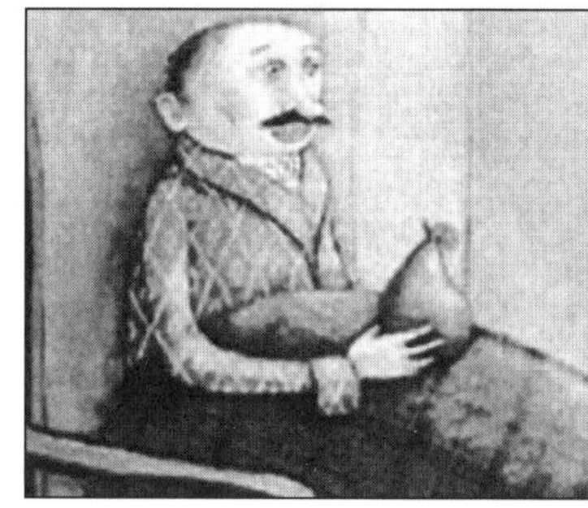

❶ Inhalt:

Der alte von Ribbeck, ein nobler Gutsbesitzer mit gütigem Herz, verschenkt zur Herbstzeit Jahr für Jahr seine köstlichen Birnen an arme Dorfkinder. Nach seinem Tod stellt der geizige Sohn die Almosen ein. Jahre später wölbt sich über dem Grab des Alten ein Birnbaum mit saftigen Birnen. Er ist ein Geschenk des verstorbenen von Ribbeck, der um eine Birne ins Grab gebeten hatte, weil er seinen knausrigen Sohn durchschaut hatte. So erhalten die armen Kinder auch nach seinem Tod weiterhin ihre Birnen.

❷ Charakterisiere Herrn von Ribbeck.

Brandenburgischer Landjunker, Gutsherr des Dorfes Ribbeck, gütig, menschenfreundlich, einfach, bescheiden, mag Kinder, verbunden mit seinen Untergebenen, zeigt sich in der Mundart

❸ Wie unterscheidet sich der junge Herr von Ribbeck vom Vater?

Erbe des Gutshofes, geizig, knausrig, kleinlich, erbt auch den Birnbaum, hält die Kinder von Park und Birnbaum fern

❹ Wie stehen die Kinder zu den beiden von Ribbecks?

Die Kinder mögen den jungen von Ribbeck nicht, im Gegensatz zum alten von Ribbeck, zu dem sie gerne kommen, den sie schätzen.

❺ Welche Rolle spielt der Birnbaum? Worin gleichen sich und wo unterscheiden sich beide Bäume?

Der Baum im Park gehört dem Gutsherrn, der schenken kann oder nicht. Der Baum auf dem Grab gehört den Kindern, er macht Schenken überflüssig.

❻ Was ist das zentrale Thema der Ballade?

Es geht um das angemessene Verhalten des Herren zu seinen Untergebenen. Der alte von Ribbeck wird der sozialen Verantwortung, die er als Gutsherr hat, gerecht.

❼ Schafft der alte Herr von Ribbeck über seinen Tod hinaus neue Verhältnisse?

Die Güte des alten von Ribbeck wirkt durch seine List über seinen Tod hinaus. Dadurch verändert er die Situation, die seine Güte überflüssig macht. Die Kinder besitzen den Birnbaum und der junge von Ribbeck kann keinen Einfluss mehr darauf nehmen. Fontane deutet vorsichtig an, dass die Zeiten der Landjunker überholt sind und soziale Besitzstände sich ändern werden.

❽ Wodurch unterscheidet sich Fontanes Ballade von den klassischen Balladen?

Fontanes Ballade hat mehr volkstümlichen Charakter. Die Themenkreise in klassischen Balladen weisen überwiegend antike oder mittelalterliche Stoffe auf. Außerdem ist Fontanes Ballade humorvoll. Nicht scheiternde Helden und hohe Ideale, sondern einfache Menschen stehen im Vordergrund.

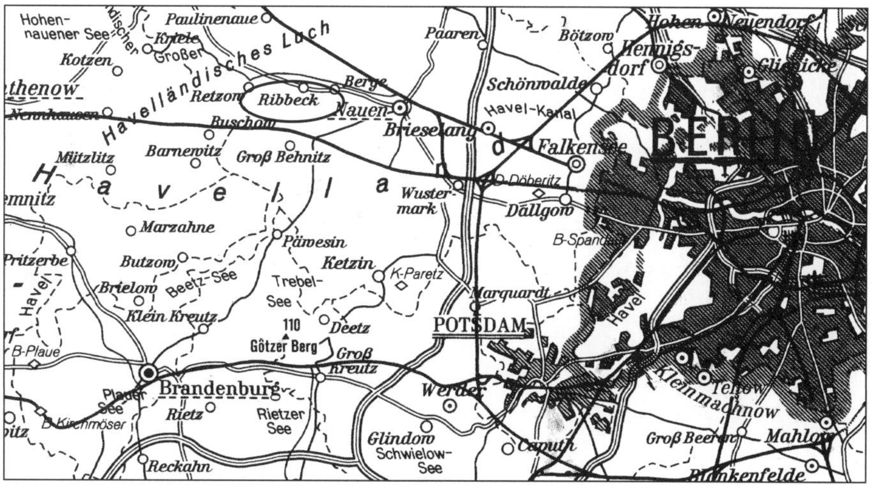

Der Birnbaum

Es gab ihn wirklich, den berühmten Birnbaum, der nahe der Kirche über der Gruft der Familie von Ribbeck stand. Leider ist der „orginal" Birnbaum, der flüsternd die Kinder beschenkte, 1911 dem Sturm zum Opfer gefallen. Lediglich ein Stumpf des Stammes wird in der Kirche aufbewahrt. In den Siebzigerjahren ist zu DDR-Zeiten ein Birnbaum nachgepflanzt worden. Da der Baum jedoch den erwünschten Ertrag nicht brachte, wurde ein neuer Baum im April 2000 gepflanzt.

Der ehemalige Gutshof

Der ehemalige Gutshof ist durch die Enteignung 1945 nicht mehr im Besitz der Familie. Der Gutshof wird, durch zwei markante Gebäude bestimmt: das Schloss und die Brennerei. Der Reit- und Kutschpferdestall ist heute Wohnhaus. Der ehemalige Gutshof in Ribbeck entstand in den heute erkennbaren Abmessungen im Jahre 1637 durch die Familie von Ribbeck. Hier entstand um 1640 der Ziegelbau der ehemaligen Brennerei, die heute wieder im Besitz der Familie von Ribbeck und mit ihrem 30 m hohen Schornstein noch heute das Wahrzeichen des Gutshofs ist.

Schloss und Doppeldachhaus

Das von Theodor Fontane bedichtete Doppeldachhaus ist heute nicht mehr als solches existent. Es wurde im Jahre 1822 bzw. 1826 als eingeschossiges Gebäude erbaut. 1893 wurde das Gebäude in der Grundfläche und um ein zusätzliches Stockwerk erweitert. Dieser Bau bestimmt das heutige Aussehen des Schlosses. Im Südgiebel steht jedoch die Jahreszahl 1822 des ursprünglichen Doppeldachhauses in römischen Zahlen: MDCCCXXII.

Annette von Droste-Hülshoff: Die Vergeltung

Lerninhalte:

- Kennenlernen einer Ballade von Annette von Droste-Hülshoff
- Wissen um das Motiv von Schuld und Sühne als zentrales Thema der Ballade
- Erkennen, dass der Balken das Dingsymbol der Ballade ist
- Beurteilen der Rolle des Zufalls
- Wissen, dass sich die Naturvorgänge in den dargestellten Schicksalen widerspiegeln
- Beurteilung der Sprache der Ballade
- Kennenlernen der Autorin Annette von Droste-Hülshoff

Arbeitsmittel / Medien:

- Textblätter (2)
- Arbeitsblatt mit Lösung
- Bilder (2) für die Tafel: Segelschiffe / Schiffbrüchiger treibt im Meer
- Wortkarten: Balken – Dingsymbol – Vergeltung – Barmherzigkeit – Schuld – Sühne
- Folie 1: Autorenporträt
- Folie 2: Karte von Java mit der Hauptstadt Djakarta, dem ehemaligen Batavia

Annette von Droste-Hülshoff

Sie wurde am 10. Januar 1797 auf der Wasserburg Hülshoff bei Münster, dem Stammsitz der Familie, die zum westfälischen Uradel gehört, geboren. Erste lyrische Versuche erfolgen ab 1804. Sie wurde von zwei Lehrern zu Hause unterrichtet. Von 1812 bis 1819 wurde sie von Professor Anton Matthias Sprickmamm literarisch betreut. Im Sommer 1813 traf sie bei ihrem Großvater in Bökendorf auf Wilhelm Grimm und ließ sich von ihm begeistern, an der Sammlung von Märchen und Volksliedern teilzunehmen. Dort begegnete sie auch zum ersten Mal dem Stoff, aus dem ihr einzig vollendetes Prosawerk entstehen sollte: „Die Judenbuche". Ebenfalls in Bökendorf lernte Droste einige Jahre später Heinrich Straube, einen Schriftsteller kennen, dessen Bekanntschaft katastrophale Folgen für sie haben sollte. Sie begann mit ihm ein Verhältnis. Als sie sich aber dazu hinreißen ließ, dessen Freund August von Arnswaldt ebenfalls ihre Zuneigung zu gestehen, kam es zum Eklat. Die gesamte Familie erfuhr von ihrem Fehltritt. Der Skandal war perfekt, die junge Dichterin war öffentlich gedemütigt. Was heute als lächerlich erscheinen mag, bedeutete für die junge Droste eine einschneidende Zäsur. Ein normales Leben als Ehefrau mit Kindern zu führen, war ihr nun verwehrt, gleichzeitig brach ihre erste dichterische Schaffensperiode ab. Erst um 1834 setzte eine zweite kreative Phase ein. Droste kümmerte sich vor allem um ihre Mutter. Nach dem Tod des Vaters 1826 zog sie mit ihr ins Rüschhaus, deren Witwensitz. Im Zeichen der westfälischen Heimat standen die nächsten Werke. 1837 begann sie auch die „Judenbuche". Sie kümmerte sich mit halb mütterlicher Fürsorge, halb Verliebtsein um Levin Schücking, den Sohn ihrer früh verstorbenen Freundin. Von Oktober 1841 bis April 1842 wohnten sie auf der Meersburg am Bodensee. Dann verließ Schücking die Burg. 1842 wurde im Cotta'schen Morgenblatt „Die Judenbuche" veröffentlicht. Die Beziehung zu Schücking kühlte sich weiter ab, als sich dieser 1843 verlobte und heiratete. Krankheit und Trauer um den verlorenen Freund bestimmten den zweiten Aufenthalt auf der Meersburg bis September 1844. Im Frühjahr 1846 kam es zum endgültigen Bruch zwischen ihr und Schücking. Eine schwere Erkrankung folgte. Noch einmal, von der Krankheit gezeichnet, trat sie im September 1846 die Reise zur Meersburg an. Zwar erholte sie sich ein wenig, doch traten die Anzeichen des nahenden Todes immer stärker hervor. Am 24. Mai 1848 starb Annette von Droste-Hülshoff im Alter von 51 Jahren und wurde auf dem Friedhof in Meersburg begraben.

Verlaufsskizze

I. Hinführung		
Stummer Impuls	Bild 1 Tafel (S. 54)	Segelschiff und Piratenschiff
Aussprache		
	Bild 2 Tafel (S. 53)	Schiffbrüchiger treibt im Meer
Aussprache		
Überleitung		L: Das kommt in der folgenden Ballade vor.
Zielangabe	Tafelanschrift	Die Vergeltung (Annette von Droste Hülshoff)
II. Textdarbietung		
Lehrervortrag	Textblätter (S. 49/50)	Die Vergeltung
Spontanäußerungen		
III. Texterschließung		
1. Teilziel:		Inhaltliche Klärung
		L: Klärung schwieriger Begriffe
Zusammenfassung	Tafelanschrift	• Spiere = Segelstange
		• Narwal = Einhornwal
		• Franke = Franzose
	Folie 2 (S. 50)	• Batavia = früherer Name von Djakarta, der Hauptstadt von Java
		• Äther = (veraltet) Himmel
		• Pfühl = (veraltet) Kissen, weiches Lager
		• Courage = (franz.) Mut
		• Riff = Felsklippe im Meer
		• Korsar = Seeräuber(-schiff), Pirat, Freibeuter
		• dräuen = (veraltet) drohen
		• Scherge = (früher) Häscher, Gerichtsdiener
		• Pfaffe = (abwertend) Geistlicher
		• Gaukelspiel = possenhaftes Zauberspiel
		• Monde = Monate
		• Fregatte = schnelles, dreimastiges Segelschiff
Arbeitsauftrag		L: Welche Erzählperspektiven verwendet die Autorin? Analysiere kurz die Sprache.
	Partnerarbeit	
Zusammenfassung	Tafelanschrift	
		L: Was ist das Dingsymbol? Welche Rolle spielt der Zufall?
Aussprache		
Zusammenfassung	Wortkarten	Beziehungsgefüge Schuld – Sühne
		Dingsymbol Balken
		Gerechtigkeit – Barmherzigkeit
IV. Wertung		
		L: Barmherzigkeit ist ein Schlüsselbegriff der Ballade. Hat der Franzose Barmherzigkeit verdient?
Diskussion / Gerichtsverhandlung		
		L: Welche Aussage steckt in der Ballade?
Aussprache		
V. Sicherung		
Zusammenfassung	Arbeitsblatt (S. 51)	Die Vergeltung
Kontrolle	Folie 3 (S. 52)	
	Folie 1 (S. 47)	Autorenporträt
Erlesen mit Aussprache		
VI. Ausweitung		
Hausaufgabe: Auswendig lernen		

Die Vergeltung
(Annette von Droste-Hülshoff)

I

Der Kapitän steht an der Spiere,
Das Fernrohr in gebräunter Hand,
Dem schwarz gelockten Passagiere
Hat er den Rücken zugewandt.
Nach einem Wolkenstreif in Sinnen
Die beiden wie zwei Pfeiler sehn,
Der Fremde spricht: „Was braut da drinnen?“
„Der Teufel“, brummt der Kapitän.

Da hebt von morschen Balkens Trümmer
Ein Kranker seine feuchte Stirn,
Des Äthers Blau, der See Geflimmer,
Ach, alles quält sein fiebernd Hirn!
Er lässt die Blicke, schwer und düster,
Entlängs dem harten Pfühle gehn,
Die eingegrabnen Worte liest er:
„Batavia. Fünfhundert Zehn.“

Die Wolke steigt, zur Mittagsstunde
Das Schiff ächzt auf der Wellen Höhn,
Gezisch, Geheul aus wüstem Grunde,
Die Bohlen weichen mit Gestöhn.
„Jesus, Marie! Wir sind verloren!“
Vom Mast geschleudert der Matros,
Ein dumpfer Krach in aller Ohren,
Und langsam löst der Bau sich los.

Noch liegt der Kranke am Verdecke,
Um seinen Balken fest geklemmt,
Da kömmt die Flut, und eine Strecke
Wird er ins wüste Meer geschwemmt.
Was nicht geläng der Kräfte Sporne,
Das leistet ihm der starre Krampf,
Und wie ein Narwal mit dem Horne
Schießt fort er durch der Wellen Dampf.

Wie lange so? Er weiß es nimmer,
Dann trifft ein Strahl des Auges Ball,
Und langsam schwimmt er mit der Trümmer
Auf ödem glitzerndem Kristall.
Das Schiff! – die Mannschaft! – sie versanken.
Doch nein, dort auf der Wasserbahn,
Dort sieht den Passagier er schwanken
In einer Kiste morschem Kahn.

Armsel'ge Lade! Sie wird sinken,
Er strengt die heisre Stimme an:
„Nur grade! Freund, du drückst zur Linken!“
Und immer näher schwankt's heran,
Und immer näher treibt die Trümmer,
Wie ein verwehtes Möwennest;
„Courage!“ ruft der kranke Schwimmer,
„Mich dünkt ich sehe Land im West!“

Nun rühren sich der Fähren Ende,
Er sieht des fremden Auges Blitz,
Da plötzlich fühlt er starke Hände,
Fühlt wütend sich gezerrt vom Sitz.
„Barmherzigkeit! Ich kann nicht kämpfen.“
Er klammert dort, er klemmt sich hier;
Ein heisrer Schrei, den Wellen dämpfen,
Am Balken schwimmt der Passagier.

Dann hat er kräftig sich geschwungen,
Und schaukelt durch das öde Blau,
Er sieht das Land wie Dämmerungen
Enttauchen und zergehn in Grau.
Noch lange ist er so geschwommen
Umflattert von der Möwe Schrei,
Dann hat ein Schiff ihn aufgenommen,
Viktoria! nun ist er frei!

II

Drei kurze Monde sind verronnen,
Und die Fregatte liegt am Strand,
Wo mittags sich die Robben sonnen,
Und Bursche klettern übern Rand,
Den Mädchen ist's ein Abenteuer
Es zu erschaun vom fernen Riff,
Denn noch zerstört ist nicht geheuer
Das greuliche Korsarenschiff.

Und vor der Stadt da ist ein Waten,
Ein Wühlen durch das Kiesgeschrill,
Da die verrufenen Piraten
Ein jeder sterben sehen will.
Aus Strandgebälken, morsch, zertrümmert,
Hat man den Galgen, dicht am Meer,
In wüster Eile aufgezimmert.
Dort dräut er von der Düne her!

Welch ein Getümmel an den Schranken! –
„Da kömmt der Frei – der Hessel jetzt –
Da bringen sie den schwarzen Franken,
Der hat geleugnet bis zuletzt."
„Schiffbrüchig sei er hergeschwommen",
Höhnt eine Alte: „Ei, wie kühn!
Doch keiner sprach zu seinem Frommen,
Die ganze Bande gegen ihn."

Der Passagier, am Galgen stehend,
Hohläugig, mit zerbrochnem Mut,
Zu jedem Räuber flüstert flehend:
„Was tat dir mein unschuldig Blut!
Barmherzigkeit! – so muss ich sterben
Durch des Gesindels Lügenwort,
O mög die Seele euch verderben!"
Da zieht ihn schon der Scherge fort.

Er sieht die Menge wogend spalten –
Er hört das Summen im Gewühl –
Nun weiß er, dass des Himmels Walten
Nur seiner Pfaffen Gaukelspiel!
Und als er in des Hohnes Stolze
Will starren nach den Ätherhöhn,
Da liest er an des Galgens Holze:
„Batavia. Fünfhundertzehn."

Lit Name: ______________________ Datum: ______________

Die Vergeltung
(Annette von Droste-Hülshoff)

❶ Inhalt:

❷ Welche Rolle spielt der Zufall in der Ballade?

❸ „Barmherzigkeit" ist ein Schlüsselbegriff. Inwiefern?

❹ Was ist das Dingsymbol der Ballade?

❺ Piratenschiff, Meer und Unwetter haben symbolhafte Bedeutung. Begründe.

❻ Welche Erzählperspektiven liegen vor?

❼ Analysiere kurz die Sprache der Ballade?

❽ Welche Aussage will Annette von Droste-Hülshoff mit ihrer Ballade treffen?

Die Vergeltung
(Annette von Droste-Hülshoff)

❶ Inhalt:

Ein französischer Passagier treibt nach einem Schiffsuntergang hilflos im Meer. Um sich zu retten, stößt er einen anderen Schiffbrüchigen,

einen Kranken, von einem Balken. Der Passagier wird von Piraten an Bord genommen, aber nach ihrer Gefangennahme als vermeintlicher Korsar an jenem Balken aufgehängt, von dem er den Kranken in den Tod gestoßen hat.

❷ Welche Rolle spielt der Zufall in der Ballade?

Er spielt eine entscheidende, wenn auch kaum glaubhafte Rolle. Der Balken im Meer und der Galgen sind identisch.

❸ „Barmherzigkeit“ ist ein Schlüsselbegriff. Inwiefern?

Der Begriff kommt zweimal vor. Vergeblich fleht der Kranke um Barmherzigkeit, er wird umgebracht. Barmherzigkeit für den falschen Piraten bleibt aus, er wird gehängt. Er verdient sie auch nicht, weil er höhnend keine Einsicht in seine Schuld zeigt und nichts bereut.

❹ Was ist das Dingsymbol der Ballade?

Das Dingsymbol ist der Balken mit seiner keinen Sinn ergebenden Inschrift „Batavia. Fünfhundertzehn“. An ihm wurde ein Verbrechen begangen, das am Ende in einer Art Gottesgericht gesühnt wird.

❺ Piratenschiff, Meer und Unwetter haben symbolhafte Bedeutung. Begründe.

Das Piratenschiff stellt das Böse, das Dämonische, die Schuldhaftigkeit dar. Das tosende Meer symbolisiert die Lebensunsicherheit, das Auf und Ab im Leben. Im blitzartigen Hereinbrechen des Unwetters spiegelt sich das schnelle und bösartige Handeln des Passagiers wider.

❻ Welche Erzählperspektiven liegen vor?

Personales Erzählen erfolgt durch Berichte des Kranken und des Passagiers, während der Großteil der Ballade aus auktorialer Sicht wertfrei erzählt wird.

❼ Analysiere kurz die Sprache der Ballade?

- Lautmalerische, schöpferische Sprache (wüstes Meer; schwerer, düsterer Blick; Kiesgeschrill)
- Alliteration (Gekreische, Geheul aus wüstem Grunde, Gestöhn; klammert, klemmt)
- Personifizierung (Bohlen stöhnen) und Vergleich (Kranker am Balken – Narwal)

❽ Welche Aussage will Annette von Droste-Hülshoff mit ihrer Ballade treffen?

Für die Autorin sind Verweigerung christlicher Nächstenliebe, mangelnde Barmherzigkeit, Lügen angesichts des Todes und Verhöhnung Gottes Verfehlungen, die eine Bestrafung herausfordern. Droste glaubt an eine waltende Gerechtigkeit Gottes, die das Böse bestraft, wenn die weltliche Gerichtsbarkeit versagt. Der Mensch, hineingestellt in die Spannung zwischen Gut und Böse, kann sein Heil finden oder verfehlen. So geht es in der Ballade letztendlich um Schuld und Sühne, um das Phänomen der Sündhaftigkeit.

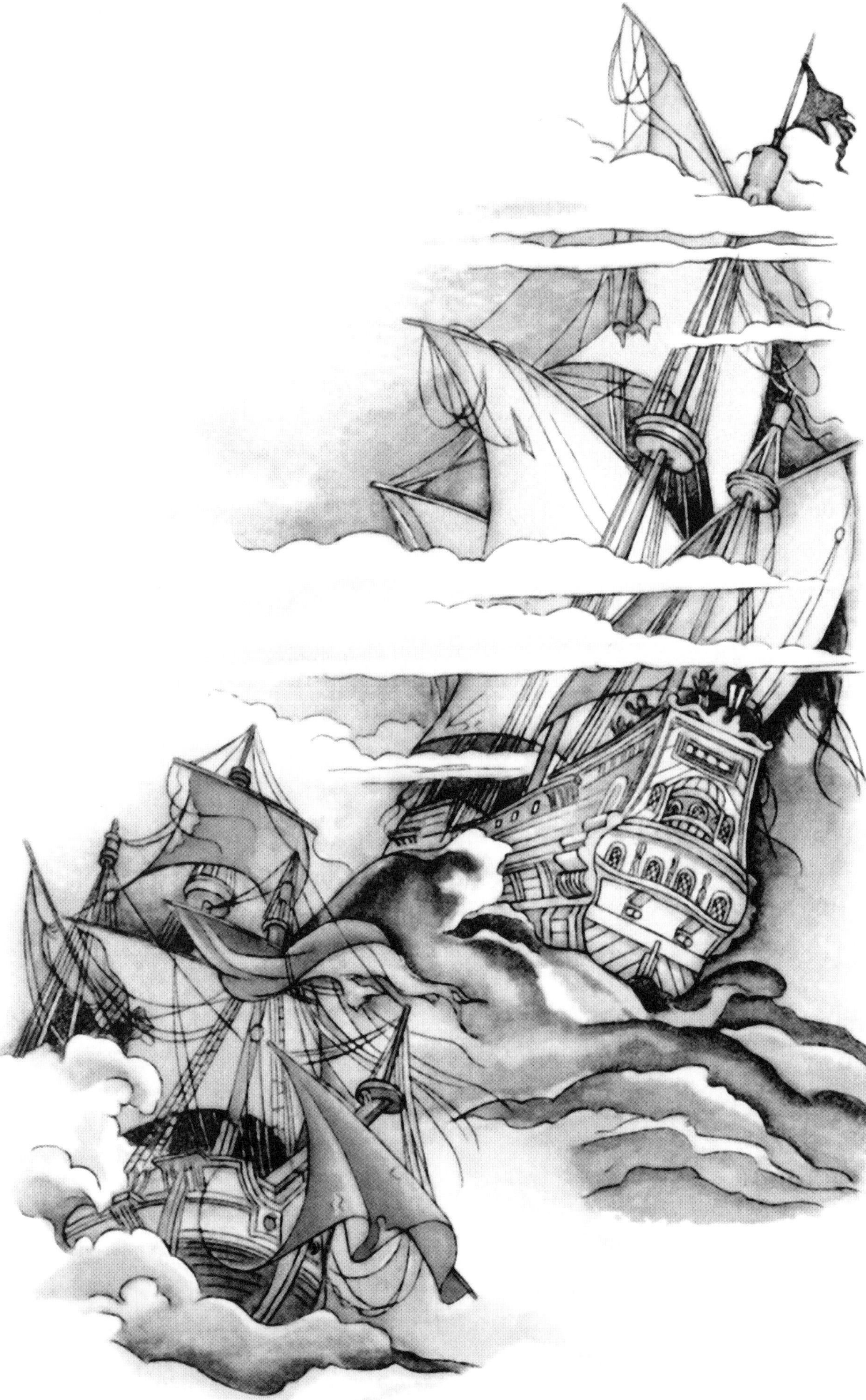

Heinrich Heine: Die schlesischen Weber

Lerninhalte:

- Kennenlernen einer Ballade von Heinrich Heine
- Wissen um den geschichtlichen Hintergrund der Ballade
- Erkennen des Aufbaus der Ballade
- Herausfinden der Absicht des Verfassers
- Beurteilen der Sprache Heinrich Heines
- Kennenlernen des Autors Heinrich Heine

Arbeitsmittel / Medien:

- Textblatt (Ballade)
- Arbeitsblatt mit Lösung
- Bild 1 (Weberzug) und Bild 2 (März-Revolution 1848 in Berlin) für die Tafel
- Folie 1: „Not“ / „Ende“ (Käthe Kollwitz)
- Folie 2: Quellentexte: Der Lohn der Weber / Der Aufstand der schlesischen Weber am 4./5. Juni 1844
- Folie 3: Der Leineweber (Ludwig Pfau) • Folie 4: Autorenporträt

Heinrich Heine

Er wurde 13. Dezember 1797 in Düsseldorf als Sohn eines jüdischen Kaufmanns geboren und gilt als Klassiker der deutschen Literatur und Überwinder der Romantik. Bereits 1822 veröffentlichte er seine ersten Gedichte. Großen Ruhm erlangte er mit scheinbar ungebrochenen romantisch volksliedhaften Gedichten im „Buch der Lieder“ (1827) und in „Reisebildern“ (1826–1831), mit denen er das kritische Feuilleton zur Kunstgattung erhob. Sein großer Erfolg erlaubte es ihm bald, als freier Schriftsteller zu leben. 1825 trat er vom jüdischen zum christlichen Glauben über. 1831 ging Heine als Korrespondent einer deutschen Tageszeitung nach Paris. Aufgrund seiner politischen Ansichten, die er in zumeist bissig-ironischem Ton formulierte und in denen er sich für Freiheit, Demokratie und die Einheit der deutschen Länder einsetzte, wurden seine Schriften 1835 vom Deutschen Bundestag verboten, Heine die Rückkehr nach Deutschland untersagt. Von seinem Pariser Exil aus kritisierte er in witzigen, ironischen, aber auch beißend satirischen Artikeln, Gedichten und Versepen wie „Deutschland. Ein Wintermärchen“ (1844) die gesellschaftlichen und politischen Zustände in Deutschland. Heine starb am 17. Februar 1856 in Paris, wobei er die letzten zehn Jahre in großer wirtschaftlicher Not und schwer krank verbrachte.
Heine ist einer der Hauptvertreter des Jungen Deutschland. Zahlreiche seiner Gedichte und Balladen wurden von den großen deutschen Komponisten Franz Schubert (1797–1828) und Robert Schumann (1810–1856) vertont.

Automatisches Weberschiffchen (1733)	➪	Jenny-Spinnmaschine Hargreaves (1764)	➪	Spinnmaschine Arkwright (1769)	➪
Spinnmaschine Crompton (1779)	➪	Wirtschaftskrise Massenentlassungen (ab 1840)	➪	Aufstände der Weber (1844)	

Verlaufsskizze

I. Hinführung		
Stummer Impuls	Bild 1 Tafel (S. 61)	Weberzug
Aussprache		
	Folie 1 (S. 58)	Käthe Kollwitz: Ein Weberaufstand (1897) „Not“ / „Ende“
Aussprache		
Überleitung		L: Davon handelt ein balladeskes Gedicht.
Zielangabe	Tafelanschrift	Die schlesischen Weber (Heinrich Heine)
II. Textdarbietung		
Lehrervortrag	Textblatt (S. 57)	Die schlesischen Weber
Spontanäußerungen		
III. Texterschließung		
Wiederholendes Lesen		
Lehrerinformation		L: Am 10. Juli 1844 veröffentlicht, sofort als Flugblatt verbreitet, oft gelesen und gesungen („Weberlied“), von der Obrigkeit strafverfolgt L: Welche historischen Ereignisse führten zur Not der Weber?
Aussprache		
	Folie (S. 59)	Karte: Mitteleuropa mit Schlesien
	Folie 2 (S. 63)	• Der Lohn der Weber • Der Aufstand der schlesischen Weber am 4./5. Juni 1844
Erlesen mit Aussprache		
Zusammenfassung	Tafelanschrift	Technische Entwicklungen, die zur Not der Weber führten
Arbeitsauftrag		L: Untersuche den Aufbau der Ballade.
	Partnerarbeit	
Zusammenfassung	Tafelanschrift	
IV. Wertung		
Leitfragen		L: Warum unterscheidet Heine zwischen Deutschland und Altdeutschland?
Aussprache		
		L: Wie kommt die Wut der Weber in der Sprache zum Ausdruck?
Aussprache		
		L: Merkmale der Sprache?
Aussprache		
Ergebnis	Tafelanschrift	Wiederholung, Alliteration, Anapher, Parallelismus L: Welche Aussage steckt in der Ballade?
	Bild 2 Tafel (S. 64)	Die März-Revolution 1848 in Berlin
Aussprache		
V. Sicherung		
Zusammenfassung	Arbeitsblatt (S. 59)	Die schlesischen Weber
Kontrolle	Folie 5 (S. 60)	
	Folie 4 (S. 55)	Autorenporträt
Erlesen mit Aussprache		
VI. Ausweitung		
	Folie 3 (S. 62)	Der Leineweber (Ludwig Pfau)
Aussprache mit Vergleich		
Üben eines gekonnten Vortrags		
Hausaufgabe: Auswendig lernen		
VII. Weiterführung		
	Theaterbesuch	Gerhard Hauptmann: Die Weber (Drama)

Die schlesischen Weber
(Heinrich Heine)

I Im düstern Auge keine Träne,
Sie sitzen am Webstuhl und fletschen die Zähne:
„Deutschland, wir weben dein Leichentuch,
Wir weben hinein den dreifachen Fluch –
Wir weben, wir weben!

II Ein Fluch dem Gotte, zu dem wir gebeten
In Winterskälte und Hungersnöten:
Wir haben vergebens gehofft und geharrt,
Er hat uns geäfft und gefoppt und genarrt –
Wir weben, wir weben!

III Ein Fluch dem König, dem König der Reichen,
Den unser Elend nicht konnte erweichen,
Der den letzten Groschen von uns erpresst,
Und uns wie Hunde erschießen lässt –
Wir weben, wir weben!

IV Ein Fluch dem falschen Vaterlande,
Wo nur gedeihen Schmach und Schande,
Wo jede Blume früh geknickt,
Wo Fäulnis und Moder den Wurm erquickt –
Wir weben, wir weben!

V Das Schiffchen fliegt, der Webstuhl kracht,
Wir weben emsig Tag und Nacht –
Altdeutschland, wir weben dein Leichentuch,
Wir weben hinein den dreifachen Fluch,
Wir weben, wir weben!“

Heinrich Heine: Werke Bd. 1, hrsg. von Stuart Atkins.

Käthe Kollwitz
(1867–1945)

Bilderzyklus: „Ein Weberaufstand“ (1897)

- „Not“
- „Tod“
- „Beratung“
- „Weberzug“
- „Sturm“
- „Ende“

„Not“ (1897)

„Ende“ (1897)

Lit	Name: ______________________	Datum: ______________

Die schlesischen Weber
(Heinrich Heine)

❶ Inhalt:

____

____

❷ Wie war die wirtschaftliche Situation der Weber zu Beginn des 19. Jahrhunderts?

____

____

❸ Welche historischen Ereignisse führten zur Not der Weber?

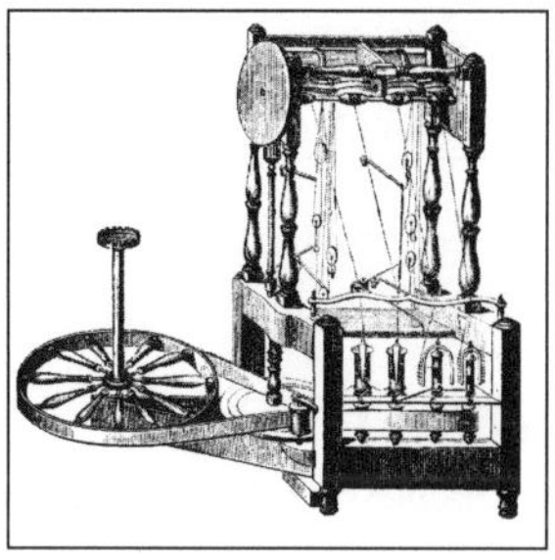

____

____

____

____

____

❹ Aufbau der Ballade:

© VG Bild-Kunst

1. Fluch: ____________ 2. Fluch: ____________ 3. Fluch: ____________

____

____

____

❺ Wie endete der Weberaufstand von 1844?

____

____

❻ Vergleiche die erste und letzte Strophe. Unterschiede?

____

____

____

❼ Welche Absicht verfolgt Heinrich Heine mit diesem balladenartigen Gedicht?

____

____

____

____

____

____

Die schlesischen Weber
(Heinrich Heine)

❶ Inhalt:

Die Wut der schlesischen Weber entlädt sich in drei Flüchen auf Gott, den König und das Vaterland.

❷ Wie war die wirtschaftliche Situation der Weber zu Beginn des 19. Jahrhunderts?

Die Weber waren die ärmsten Menschen des Staates. Sie leben schlechter als Hunde. Das führte zur Massenarmut (Pauperismus).

❸ Welche historischen Ereignisse führten zur Not der Weber?

Der Verlust ausländischer Absatzmärkte (Kontinentalsperre, englische Seeblockade), der Einbruch englischer Fabrikware nach der Kontinentalsperre, der Ausfall binnenländischer Nachfrage im Gefolge von Agrarkrisen, die fortschreitende Industrialisierung mit ihren Billigprodukten führte zur Not der Weber, deren Löhne kontinuierlich sanken.

❹ Aufbau der Ballade:

Winterskälte Hungersnöte	Elend keine Rechte	Schmach, Schande geringe Lebenserwartung

© VG Bild-Kunst

1. Fluch: Gott (Kirche)	2. Fluch: König	3. Fluch: Vaterland
Vergebliches Hoffen und Warten; Gebete helfen nicht; kein wirklicher Trost	Hartherzigkeit, Gleichgültigkeit; Bevorzugung der Reichen; Ausbeutung; Gewalt	Frühes Sterben; Missachtung der Grundrechte; rückständiges politisches System

❺ Wie endete der Weberaufstand von 1844?

Am 6. Juni 1844 wurde der Aufstand militärisch niedergeschlagen. Elf Menschen wurden erschossen, 24 schwer verletzt. Über 100 Weber erhielten Haftstrafen und Peitschenhiebe.

❻ Vergleiche die erste und letzte Strophe. Unterschiede?

In der letzten Strophe ist mit „Altdeutschland" der brüchig gewordene vorrevolutionäre Staat gemeint, in dem sich die preußische Monarchie zu behaupten sucht. Das Leichentuch soll den bevorstehenden Untergang verdeutlichen.

❼ Welche Absicht verfolgt Heinrich Heine mit diesem balladenartigen Gedicht?

Heine entlarvt die preußische Parole der Befreiungskriege („Mit Gott für König und Vaterland") in satirischer Umkehrung nacheinander als reaktionäre Lüge. Er wendet sich an Autoritäten, kritisiert allgemeine politische Zustände und drängt auf Veränderung. Heine hält die Anliegen der Arbeiter im 19. Jahrhundert für berechtigt und macht das politische System für ihre Misere verantwortlich. Er will das öffentliche Bewusstsein für die soziale Frage wecken.

Der Weberzug (1897)

Der Leineweber
(Ludwig Pfau)

I Der bleicher Weber sitzt am Stuhl,
Er wirft mit matter Hand die Spul –
Knick, knack! –
Er hebt den müden Fuß zum Treten: –
„Herr Gott! jetzt kann ich nimmer beten –
Knick, knack! –
Du Linnentuch, du Linnentuch!
Ein jeder Faden sei ein Fluch!"

II Es webt und webt sein morscher Leib,
Am Boden liegt sein sterbend Weib –
Knick, knack! –
Die Not sitzt bei ihr, sie zu pflegen,
Der Hunger gibt ihr noch den Segen –
Knick, knack! –
Du Linnentuch, du Linnentuch!
Ein jeder Faden sei ein Fluch!

III Der erste Fluch für unsern Herrn!
Hussa! Da springt mein Schifflein gern –
Knick, knack! –
Er darf am vollen Tische lungern,
Wenn wir am Webestuhl verhungern –
Knick, knack! –
Du Linnentuch, du Linnentuch!
Ein jeder Faden sei ein Fluch!

IV Und einer für den Pfaffen gleich,
Der uns verspricht das Himmelreich –
Knick, knack! –
Wir sollen sterben und verderben,
Das heißt die Seligkeit erwerben –
Knick, knack! –
Du Linnentuch, du Linnentuch!
Ein jeder Faden sei ein Fluch!

V Der Faden hier sei dem verehrt,
Der Kugeln uns statt Brot beschert –
Knick, knack! –
Dem hohen Herrn von Gottes Gnaden:
O werd ein Strick, du schwacher Faden! –
Knick, knack! –
Du Linnentuch, du Linnentuch!
Ein jeder Faden sei ein Fluch!

VI Die Lampe, wie sie plötzlich loht!
Gottlob, mein Weib, nun bist du tot –
Knick, knack! –
Das ist der Trost in unsrem Leben,
Dass wir das Bahrtuch selber weben –
Knick, knack! –
O könnt ich weben Fluch um Fluch,
Der ganzen Welt ein Leichentuch!

Der Lohn der Weber

Das Einkommen einer Weberfamilie ohne arbeitsfähige Kinder reichte gerade zur Deckung des Unterhalts aus, wenn der Mann webte und die Frau neben ihrer Hausarbeit durch Spulen dazuverdiente. Ein Leineweber verdiente wöchentlich etwa 22 Groschen, ein Baumwollweber einen Taler. Beide konnten zusätzlich an dem Garn, das der Verleger lieferte, drei Groschen erwirtschaften. Die Frau verdiente durch Spulen weitere drei Groschen. Insgesamt betrug das jährliche Einkommen einer Leineweberfamilie 60 Taler, 16 Groschen, das einer Baumwollweberfamilie 65 Taler. 60 Taler, 16 Groschen waren nach einer Statistik von Friedrich Schmidt ausreichend für den Unterhalt einer fünfköpfigen Familie. Er berechnete als jährlichen Bedarf: 6 Scheffel Korn: 18 Taler; 24 bis 25 Scheffel Kartoffeln: 5 Taler, 5 Groschen; Gemüse, Salz, Butter, Tabak: 7 Taler; 12 Pfund Fleisch an hohen Feiertagen: 1 Taler; Kleidung: 9 Taler; Miete: 5 Taler; Holz und Beleuchtung: 10 Taler; Steuern: 21 Groschen; Unterhalt des Werkzeugs: 1 Taler, 8 Groschen; Schlichte (Imprägnierung für das Garn): 3 Taler, 6 Groschen. Wenn ein Kind so alt war, dass es spulen konnte – mit etwa vier Jahren –, erhöhte sich das Familieneinkommen auf 67 Taler, 4 Groschen, bei zwei Kindern auf 73 Taler, 16 Groschen. Wenn ein Kind die Schule verließ und weben konnte, steigerte sich der Verdienst im ersten Jahr auf 91 Taler, im zweiten auf 121 Taler, 8 Groschen. Das war die Zeit, in der die Familie alte Schulden bezahlen konnte und Ersparnisse für das Alter zurücklegen musste, denn die Kinder verließen das Haus bald. Es war vorteilhaft, früh zu heiraten und Kinder zu bekommen. Ihre Geburt brachte die Eltern in eine bedrängte Lage, die sie in jungen Jahren noch durch Mehrarbeit ausgleichen konnten. Kinder mussten früh mitverdienen, deshalb gingen sie unregelmäßig zur Schule.

Der Aufstand der schlesischen Weber am 4./5. Juni 1844

Der Schriftsteller Wilhelm Wolff schildert nach Augenzeugenberichten den schlesischen Weberaufstand:

Ein Gedicht, nach der Volksmelodie „Es liegt ein Schloss in Österreich“ abgefasst und von den Webern gesungen, war gleichsam die Marseillaise der Notleidenden. Sie sangen es vor Zwanzigers Haus wiederholt ab. Einer ward ergriffen, durchgeprügelt und der Ortspolizei überliefert ... Eine Schar Weber erschien in Nieder-Peterswaldau ... und rückte auf das neue Zwanzigersche Wohngebäude los. Sie forderten höheren Lohn und – ein Geschenk! Mit Spott schlug man's ihnen ab. Nun dauerte es nicht lange, so stürmte die Masse das Haus, erbrach alle Kammern und zertrümmerte alles, von den prächtigen Spiegelfenstern, Trumeaus, Lüsters, Öfen, Porzellan, Möbel bis auf die Treppengeländer herab, zerriss die Bücher, Wechsel und Papiere, drang in das zweite Wohngebäude, in die Remisen, ins Trockenhaus, zur Mange, ins Packhaus und stürzte die Waren und Vorräte zu den Fenstern hinaus, wo sie zerrissen, zerstückt und mit Füßen getreten oder in Nachahmung des Leipziger Messgeschäfts an die Umstehenden verteilt wurden. Zwanziger flüchtete sich mit seiner Familie in Todesangst nach Reichenbach ... Neben Zwanziger wohnt der Fabrikant Wagenknecht. Er hatte seine Weber menschlicher behandelt, er blieb verschont. Da er ihnen noch ein kleines Geschenk verabreichte, brachten sie ihm ein Vivat aus ... Bald fanden sich Weber aus Arnsdorf und Bielau ein. Was bei Zwanziger noch übrig geblieben, wurde vollends zertrümmert ... Nachdem hier alles zu Ende, begab sich der Haufe zum Fabrikant F. W. Fellmann jun., Fellmann beschwichtigte die Leute, indem er jedem 5 Groschen zahlte und Brot und Butter, nebst einigen Speckseiten an sie verabreichte ... Von hier aus bewegt sich der Zug zum „Sechsgröschel Hilbert“. Hilbert und Andretzky wohnen in Bielau. Mit ihrem Hause begann die Zerstörung in diesem Orte. Zunächst kam das obere Etablissement der Gebrüder Dierig an die Reihe ... Letzterer hatte allen, die sein Eigentum beschützen und sich somit selbst die Gelegenheit weiterzuarbeiten erhalten würden, ein Geschenk von 5 Sgr. zugesagt ... Unterdes rückte das aus Schweidnitz requirierte Militär in Bielau ein ... Die Weber formierten zwei Reihen, um jeder seine 5 Groschen zu erhalten ... Es dauerte aber so lange und die Zahlung verzögerte sich so sehr, dass die Masse ungeduldig wurde, und außerdem beim Anblick der Soldaten ohnehin aufgeregt und von einigen Unteroffizieren barsch zur Ordnung gerufen und bald fest überzeugt, dass sie kein Geld erhalten würden, gegen die Truppe immer mehr andrängte. Der Major, welcher Dierigs Haus und seine Truppen mehr und mehr bedroht sah, ließ Feuer geben. Infolge dreier Gewehrsalven blieben sofort 11 Menschen tot. Blut und Gehirn spritzte weithin. Einem Manne trat das Gehirn über dem Auge heraus. Eine Frau, die 200 Schritt entfernt an der Tür ihres Hauses stand, sank regungslos nieder. Einem Manne war die eine Seite des Kopfes hinweggerissen. Die blutige Hirnschale lag entfernt von ihm. Eine Mutter von sechs Kindern starb an demselben Abend an mehreren Schusswunden.

Joseph Freiherr von Eichendorff: Waldesgespräch

Lerninhalte:

- Kennenlernen einer Ballade von Joseph Freiherr von Eichendorff
- Wissen um die Figur der Lorelei und ihre Darstellung in der Ballade von Eichendorff
- Herausfinden des Gehaltes der Ballade
- Kennenlernen des Volksliedes in der Vertonung von Friedrich Silcher nach einem Text von Heinrich Heine
- Kennenlernen einer Vertonung der Ballade von Robert Schumann
- Kennenlernen des Lebenslaufes von Eichendorff

Arbeitsmittel / Medien:

- Textblatt (Ballade); Informationsblätter über die Lorelei (2)
- Arbeitsblatt mit Lösung
- Bilder (2) für die Tafel: Lorelei (Holzschnitt von Adolf Ehrhardt/Aquarell von Brian Bagnall)
- Folien 1–4: Klavierauszug „Waldesgespräch“ (Robert Schumann: Sämtliche Lieder, Band I)
- Folie 5: Lied „Ich weiß nicht, was soll es bedeuten“ (Friedrich Silcher)
- Folie 6: Autorenporträt
- CD: R. Schumann: Liederkreis (D. F. Dieskau) © EMI. Bestellnr. 6033888 bei JPC (9,99 €)

Joseph Freiherr von Eichendorff

Joseph Freiherr von Eichendorff wurde am 10. März 1788 auf Schloss Lubowitz bei Ratibor im polnisch-mährischen Grenzgebiet Oberschlesiens als Sohn des preußischen Offiziers und Freiherrn Adolf Theodor Rudolf von Eichendorff und dessen Frau Karoline geboren.

Joseph erhielt von 1793 bis 1801 zusammen mit seinem zwei Jahre älteren Bruder Wilhelm im Hause Unterricht. Es folgten neben umfangreicher Lektüre von Abenteuer- und Ritterromanen und antiken Sagen auch erste literarische Versuche.

Ab Oktober 1801 bis 1804 besuchten Joseph und Wilhelm gleichzeitig das katholische Gymnasium in Breslau. Sie wohnten im St.-Josephs-Konvikt. Von 1805 bis 1806 studierte Eichendorff in Halle Jura, von 1807 bis 1808 dann in Heidelberg. Noch 1808 unternahm er eine Bildungsreise, die ihn nach Paris und über Nürnberg und Regensburg nach Wien führte. 1809 kehrte er nach Lubowitz zurück, um dem Vater bei der Verwaltung der Güter zur Seite zu stehen.

Im Winter 1809/10 fand sich Eichendorff wieder im Universitätsbetrieb, nun aber an der auf Initiative Wilhelm von Humboldts neu gegründeten Universität in Berlin. Hier hörte er Fichte und traf mit Arnim, Brentano und Kleist zusammen. Im Sommer 1810 setzte er dann das Studium der Rechte in Wien fort und schloss es 1812 ab. Von 1813 bis 1815 nahm Eichendorff als Lützower Jäger an den Befreiungskriegen teil.

1816 begab er sich in den preußischen Staatsdienst, zuerst als Referendar in Breslau. 1817 wurde seine Tochter Therese geboren. 1821 wurde er zum katholischen Kirchen- und Schulrat zu Danzig, 1824 zum Oberpräsidialrat zu Königsberg ernannt. Mit den Diensten für etliche preußische Ministerien siedelte er dann 1831 nach Berlin. 1841 wurde Eichendorff zum Geheimen Regierungsrat ernannt. 1844 nahm er wegen Meinungsverschiedenheiten in Konfessionsfragen den Abschied und ließ sich pensionieren. Nach dem Tode seines Bruders Wilhelm 1849 erbte Eichendorff dessen Grundherrschaft in Sedlnitz. Von 1856 bis 1857 weilte er als Gast des Breslauer Erzbischofs Heinrich Förster auf dessen Sommerresidenz Schloss Johannisberg bei Jauernig und schrieb dort auch. Eichendorff starb am 26. November 1857 in Neisse (Schlesien).

Verlaufsskizze

I. Hinführung		
Stummer Impuls	Bild 1 Tafel (S. 68)	Lorelei
	Bild 2 Tafel (S. 78)	Lorelei
Aussprache		
Überleitung		L: Davon handelt die Ballade.
Zielangabe	Tafelanschrift	Waldesgespräch (Joseph Freiherr von Eichendorff)
II. Textdarbietung		
Lehrervortrag	Textblatt (S. 67)	Waldesgespräch
Spontanäußerungen		
III. Texterschließung		
Wiederholendes Lesen		
		L: Worum geht es in der Ballade?
Aussprache		
Impuls		L: Kennzeichne den Ort. Charakterisiere die beiden Personen.
Aussprache		
Impuls		L: Der Reiter läuft wissentlich in sein Verderben.
Aussprache		
Ergebnis	Tafelanschrift	warnt – begehrt
		L: Warum warnt die Lorelei den Reiter?
Aussprache		
Ergebnis		Schlechte Erfahrungen mit Männern (wurde betrogen)
Impuls		L: Welche romantischen Motive werden von Eichendorff in seiner Ballade verwendet?
Aussprache		
Ergebnis	Tafelanschrift	
IV. Wertung		
		L: Welche Balladengattung liegt vor?
Aussprache		
Lehrerinformation	Tafelanschrift	Numinose Ballade
		L: Kennenlernen des Lorelei-Stoffes
	Infoblätter (S. 71/72)	Lorelei
Erlesen mit Aussprache		
		L: Vergleiche die Zeichnungen von der Lorelei.
Aussprache		Abhängig von der Intention des Künstlers und vom gerade herrschenden Zeitgeschmack
V. Sicherung		
Zusammenfassung	Arbeitsblatt (S. 69)	Waldesgespräch
Kontrolle	Folie 7 (S. 70)	
	Folie 6 (S. 65)	Autorenporträt
Erlesen mit Aussprache		
VI. Ausweitung		
	Folie 5 (S. 77)	Volkslied: Ich weiß nicht, was soll es bedeuten
Singen		
Aussprache mit Vergleich		
	CD	Waldesgespräch
		Vertonung von Robert Schumann
Klavierauszug	Folien 1–4 (S. 73–76)	
Schüler lesen mit Aussprache		Vorteile einer Vertonung
V. Weiterführung		
Üben eines gekonnten Vortrags		
Auswendiglernen der Ballade		

Waldesgespräch
(Joseph Freiherr von Eichendorff)

I „Es ist schon spät, es wird schon kalt,
Was reit'st du einsam durch den Wald?
Der Wald ist lang, du bist allein,
Du schöne Braut! Ich führ dich heim!"

II „Groß ist der Männer Trug und List,
Vor Schmerz mein Herz gebrochen ist,
Wohl irrt das Waldhorn her und hin,
O flieh! Du weißt nicht, wer ich bin."

III So reich geschmückt ist Ross und Weib,
So wunderschön der junge Leib,
„Jetzt kenn ich dich – Gott steh mir bei!
Du bist die Hexe Lorelei."

IV „Du kennst mich wohl – von hohem Stein
Schaut still mein Schloss tief in den Rhein.
Es ist schon spät, es wird schon kalt,
Kommst nimmermehr aus diesem Wald!"

Joseph Freiherr von Eichendorff: Werke Bd. 1,
hrsg. von Jost Perfahl.

Lit	Name: ____________________	Datum: ____________	

Waldesgespräch
(Joseph Freiherr von Eichendorff)

❶ Inhalt:

❷ Charakterisiere kurz die Personen.

❸ Struktur der Ballade:

Wald als ______________________

Waldhexe (Lorelei)

Mann (Reiter)

❹ Welches sprachliche Element überwiegt in dieser Ballade? Was bewirkt es?

❺ Wie ist die Lorelei in der Ballade dargestellt?

❻ Welche Art von Ballade liegt vor?

❼ Welche typisch romantischen Motive kommen in der Ballade vor? Welche gibt es noch?

❽ Wie unterscheidet sich die Lorelei-Sage von Eichendorffs Ballade?

Lit Lösung:

Waldesgespräch
(Joseph Freiherr von Eichendorff)

❶ Inhalt:

Ein Reiter trifft abends im Wald auf eine schöne Frau, die er als Braut gewinnen will. Zu spät erkennt er in ihr die Hexe Lorelei, die ihn nicht mehr aus dem Wald herauslässt.

❷ Charakterisiere kurz die Personen.

Waldhexe Lorelei: verführerisch, tödlich gefährlich

Reiter: naiv, „blind“ vor Liebe, hört nicht auf Warnung

❸ Struktur der Ballade:

Wald als dämonischer, gefährlicher, unheimlicher Bereich

Waldhexe (Lorelei)
- wurde betrogen
- wunderschön
- verführerisch
- wird begehrt

warnt →

← begehrt

Mann (Reiter)
- kehrt nicht mehr zurück
- ist verloren
- muss sterben

❹ Welches sprachliche Element überwiegt in dieser Ballade? Was bewirkt es?

Eichendorffs Ballade lebt von ihrer Dramatik. In Rede und Gegenrede zielt sie bis zum Höhepunkt, wo sich die schöne Frau als Hexe Lorelei zu erkennen gibt.

❺ Wie ist die Lorelei in der Ballade dargestellt?

Sie ist als wunderschöne, äußerst gefährliche Frau dargestellt, die für den Reiter unerreichbar bleibt. Sie ist nicht konkret fassbar, sondern nur in ihren verbalen Äußerungen wahrnehmbar.

❻ Welche Art von Ballade liegt vor?

Eichendorffs Ballade gehört zu den numinosen (naturmagischen) Balladen. Dort herrschen andere Gesetze. Der Mensch im Dämonenreich scheitert und unterliegt diesen außer- und übernatürlichen Kräften.

❼ Welche typisch romantischen Motive kommen in der Ballade vor? Welche gibt es noch?

Es kommen Natur, Wald, Dämmerung, Liebe und Tod vor. Weitere Motive sind Nacht, „blaue Blume“, Todessehnsucht, Sehnsucht nach der Ferne, Märchen- und Sagenwelt mit ihren Figuren wie Feen, Hexen, Dämonen, Zwergen, Riesen, Zauberern u. a.

❽ Wie unterscheidet sich die Lorelei-Sage von Eichendorffs Ballade?

Die schöne Nixe Lorelei (Loreley) sitzt auf einem Felsen am Rhein und lockt mit ihrer schönen Stimme die vorbeifahrenden Schiffer ins Verderben, weil sie die gefährliche Strömung und die Felsenriffe nicht beachten. Dabei kämmt sie sich ihre langen, blonden Haare, die in der Sonne auffallend golden glitzern, und dadurch die Aufmerksamkeit des männlichen Geschlechts erregen.

Lorelei

Der Begriff:

Ihren Namen hat die Lorelei möglicherweise vom keltischen „Ley", was soviel wie „Schieferfels" oder „Stein" bedeutet. Das Wort „Lore" kann auf das altdeutsche Wort „loren" zurückgehen und bedeutet „rauschen", „murmeln".

Der Ort:

Die Lorelei oder Loreley ist ein 132 Meter hoher Schieferfelsen, der aus dem östlichen Ufer des Rheins emporragt. Er liegt im Taunus bei Sankt Goarshausen in der Rheinland-Pfalz. Bei der Lorelei ist der Rhein bis zu 25 Meter tief und nur 113 Meter breit. Dies ist die engste und tiefste Stelle des Rheins. Die gefährlichsten Felsen der Lorelei wurden jedoch schon in den 30er-Jahren des letzten Jahrhunderts gesprengt, sodass diese Schifffahrtspassage viel von ihrer früheren Gefährlichkeit verloren hat.

Die Sage:

Vom Loreleyfels herab tönt oft eine wunderschöne Frauenstimme, deren süßer Gesang alle bezaubert, welche ihn vernehmen. Den jungen Schiffern aber wird dieser Gesang des Öfteren zum Verhängnis, indem sie um seinetwillen vergessen, auf den Strudel zu achten, der am Fuße des Felsens gar tückisch sein Wesen treibt und alles verschlingt, was in seinen Bereich kommt. Darum wird denn auch die holde süße Stimme von Alt und Jung gefürchtet, und wundersame Sagen gehen von der Jungfrau, der sie angehört, im Munde des Volkes.

So lautet die erste Sage der Lorelei:

Die Jungfrau Loreley sei ein sterblich Mädchen gewesen und die Tochter eines edlen Ritters, dessen Burg auf dem Felsen thronte, der jetzt noch nach dem Mädchen benannt wird. Ein junger, schöner Ritter warb um das junge, schöne Fräulein und gewann ihre Liebe und das Jawort ihres Vaters. Der Vermählungstag war schon bestimmt und der Ritter fuhr noch einmal den Rhein hinauf nach seiner Burg, um dort alles zum Empfang seiner Braut bereiten zu lassen. Aber der Ritter kehrte nicht wieder, denn er war falsch und treulos und jagte schon wieder einer andern Jungfrau nach. Vergebens harrte Loreley, als der bestimmte Tag ihrer Vermählung anbrach, vom frühen Morgen an des Geliebten. Fort und fort blickte sie vom hohen Söller der Burg hinab, stromaufwärts. „Das mag mein Liebster sein", rief sie freudig, als sie das erste Schifflein erblickte, so mit dem Strom schwamm – aber ihr Liebster war nicht auf dem Schifflein. „Das wird mein Liebster sein", rief sie um Mittag, als sie wieder ein zierlich geschmücktes Fahrzeug gewahrte, und rascher schlug ihr Herz, aber sie hatte sich getäuscht, ihr Ritter war wieder nicht auf dem Schifflein. „Das muss mein Liebster sein", rief sie angstvoll, als sie gegen Sonnenuntergang den dritten Kahn gewahrte. Aber ihr Ritter war auch diesmal nicht dabei. Da erfasste wilder Schmerz das Herz der Jungfrau, Verzweiflung verwirrte ihre Sinne, und als der Mond über die jenseitigen Berge aufging und sie noch einen Kahn gewahrte, in welchem nur ein Mann saß, da rief sie trotzig: „Das soll mein Liebster sein!" Aber auch diesmal war es nicht ihr Liebster, sondern nur ein armer Fischer, der bei nächtlicher Weile seine Netze auswerfen wollte. Da riss die Loreley jammernd sich ihren Brautkranz aus den goldigen Locken, warf ihn, ihren treulosen Liebsten verwünschend, in die Flut und stürzte sich nach, also ihr Leben endend.

Der alte Vater starb vor Jammer, und ein Unwetter zerstörte die Burg, dass kein Stein mehr davon sichtbar blieb. Loreley aber muss als Geist auf dem Felsen umgehen, und ihr Gesang verlockt das treulose Geschlecht der Männer, betört ihre Sinne und lässt sie dann zugrunde gehen, in dem Strudel, der entstand, als Loreley sich hinabstürzte in das feuchte Grab.

Nach einer andern heiteren Sage ist Loreley eine Undine, und wie alle ihres Geschlechts, ein liebenswürdiges, launisches Kind, das nur hin und wieder etwas zu leichtsinnig und unbedacht verfährt, wenn es scherzt, sodass daraus ohne ihre Absicht allerlei Unheil entsteht.

So war es denn einstmals geschehen, dass ein edler Junker, der einzige Sohn eines mächtigen Rheingrafen, als er auf dem Rheine fuhr und das wunderbare Singen der Loreley hörte, davon so hingerissen wurde, dass er den Schiffern befahl, sie sollten ihn hinfahren nach dem Felsen. Umsonst war alles Mühen der erschrockenen Schiffer, ihn von diesem Befehl abzubringen. Sie mussten endlich gehorchen und fuhren nach dem Felsen hin. Doch bevor sie ihn noch ganz erreicht hatten, konnte der Junker dem gewaltigen Zauber nicht mehr widerstehen. Er sprang aus dem Kahn auf einen Vorsprung des Felsens, doch hier glitt sein Fuß aus auf dem nassen Steine, er stürzte in den Rhein und die Wellen begruben ihn. Jammernd brachten die Schiffer dem alten Rheingrafen die Nachricht, dass sein Sohn durch die böse Kunst der Loreley-Hexe – als wofür sie die Undine hielten – verlockt und sein Grab in den Fluten des Rheins gefunden habe. Der alte Rheingraf zerriss bei dieser Kunde sein Gewand und raufte sich das Haar, dann aber versammelte er seine Reisigen und befahl ihnen wütend, den Loreleyfelsen zu umstellen und die verruchte Hexe tot oder lebend zu fassen.

Die Reisigen zogen aus und umstellten den Fels, von dessen höchsten Gipfel herab sie das Lied der Loreley klingen hörten. Der Anführer der Reisigen und einige seiner Gefährten schlichen hinauf, und wie sie um eine Felsecke bogen, da sahen sie die Loreley dasitzen, im wasserblauen, durchsichtigen Gewande, reich geziert mit köstlichem Geschmeide, das im Abendscheine funkelte und blitzte. Mit goldenem Kamme kämmte sie ihr goldenes Haar und sang immerfort dazu: „Am Himmel glüht der Abendschein, tief unten murmelt Vater Rhein geheimnisvolle Kunde. Auf luft'ger Höhe froh und frei singt ihre Weise Loreley: Loreley! – Loreley! – Es ist die Weihestunde. Du holder Schifferknabe du, was horchst du meinem Liede zu und schaust nur in die Höhe? – Ein Zauber webt in dieser Nacht, nimm vor Betörung dich in Acht, Loreley! – Loreley! – Sonst weh dir – Knabe – wehe!"

Als der Anführer der Reisigen solches hörte, gab er seinen Leuten ein Zeichen, und alle brachen hinter dem Felsen hervor und standen drohend vor der Jungfrau. Loreley aber erschrak nicht im Geringsten, sondern blieb ruhig sitzen, und lächelnd die rauen Männer anblickend, fragte sie: „Was wollt Ihr?" „Dich wollen wir fangen, tot oder lebendig", entgegnete der Anführer, „denn du bist eine böse Zauberin, hast den edlen Sohn unsers edlen Rheingrafen ermordet." Da lachte die Loreley laut auf, erhob sich rasch, trat an den jähen Rand des Felsens, klopfte in die kleinen weißen Hände und sang hinab in den Rhein: „Vater! Deine Rosse geschwind sende, dass sie tragen dein Kind, Loreley! Loreley!" Da brauste es tief unten gewaltig, und zwei ungeheure weiße Schaumwellen, anzusehen wie Rosse, bäumten sich empor, hoben auf ihren Rücken die reizende Undine, welche neckisch lachte, und trugen sie hinab in den Rhein. Da merkten die ausgesandten Männer, dass Loreley keine Hexe und Zauberin, sondern eine Undine sei, und als sie zurückkehrten, um ihrem Herrn diese Mär zu bringen, fanden sie daheim zu ihrer größten Freude und Verwunderung den jungen Rheingrafen frisch und gesund. Es war ihm nichts Böses widerfahren, als dass die neckische Wasserfee ihn drei Tage lang hatte auf dem Grunde des Rheins liegen lassen, um seine Liebesglut ein wenig abzukühlen in dem kalten Wasser.

Aber nicht alle jungen Burschen kamen so leichten Kaufs davon wie der junge Rheingraf und noch heutigen Tages geschieht alljährlich mindestens an einem, was Heine singt:

„Den Schiffer im kleinen Schiffe
erfasst es mit tiefem Weh!
Er schaut nicht die Felsenriffe;
er schaut nur die Wasserfee.

Ich glaube, die Wellen verschlingen
am Ende noch Schiffer und Kahn;
und das hat mit ihrem Singen
die Loreley getan."

Aus: Johann Peter Lyser, Abendländische Tausend und eine Nacht, 1838/39 (Text leicht verändert)

III.
Waldesgespräch

29.

heim!" „Groß ist der Män - - ner
Trug und List, vor Schmerz mein Herz ge -
bro - - chen ist, wohl irrt das Wald - horn
her und hin, o flieh'! o
flieh'! du weißt nicht, wer ich bin."
Ped.

Edition Peters

9307

still mein Schloß tief in den Rhein. Es ist schon
spät, es ist schon kalt, kommst
f
nim-mermehr aus die-sem Wald, nim-mer-mehr, nim-mer-mehr aus die-sem
ritard.
f
sf
Wald.“
fp
ritard.

Ich weiß nicht, was soll es bedeuten

(Die Lorelei)

2.
Die schönste Jungfrau, die sitzet
dort oben wunderbar,
ihr goldnes Geschmeide blitzet,
sie kämmt ihr goldenes Haar.
Sie kämmt es mit goldenem Kamme
und singt ein Lied dabei;
das hat eine wundersame,
gewalt'ge Melodei.

3.
Den Schiffer im kleinen Schiffe,
ergreift es mit wildem Weh;
er schaut nicht die Felsenriffe,
er schaut nur hinauf in die Höh.
Ich glaube, die Wellen verschlingen
am Ende Schiffer und Kahn;
und das hat mit ihrem Singen
die Lorelei getan.

Hermann Löns: Der Bohrturm

Lerninhalte:

- Kennenlernen einer Ballade von Hermann Löns
- Wissen um die starke Kontrastwirkung der Ballade
- Herausfinden der sprachlichen Merkmale (Personifizierung, aggressive Sprache, Alliteration)
- Erkennen und Erklären der Metapher vom „Schwarzen Tod“
- Herausfinden der Aussage des Verfassers
- Wissen um die Aktualität der Ballade (Erdölkatastrophen heute)
- Kennenlernen des Lebenslaufes von Hermann Löns

Arbeitsmittel / Medien:

- Textblatt (Ballade)
- Arbeitsblatt mit Lösung
- Bild 1 für die Tafel: Bohrturm
- Bild 2 für die Tafel: Heidelandschaft
- Folie 1: Pest in einem Kloster
- Folie 2: Erdölförderung und Erdölkatastrophen
- Folie 3: Autorenporträt

Hermann Löns

Am 29. August 1866 wird Hermann Löns als Erstes von 14 Kindern des Gymnasiallehrers Friedrich Löns und dessen Frau Clara (geb. Cramer) in Kulm (Westpreußen) geboren. 1882 leistet Löns seinen Militärdienst als Einjährig-Freiwilliger ab. 1887 legt er das Abitur ab und studiert anschließend Medizin, Naturwissenschaften und Mathematik in Münster, Greifswald und Göttingen. 1889 wird Löns dem „Landsturm“ zugewiesen. Er wird wegen Ruhestörung, Beleidigung und Widerstand zu fünf Tagen Haft verurteilt. Da er das Studium 1890 ohne Abschluss aufgibt, kommt es zum Bruch mit seinem Vater. 1891 wird Löns Hilfsredakteur bei der „Pfälzischen Presse“ in Kaiserslautern. Nach seiner Entlassung ein Jahr später wird er Redakteur bei einer sozialdemokratischen Zeitung in Gera. Aber auch hier wird ihm bereits nach drei Wochen gekündigt. Im September 1892 arbeitet er während der Cholera-Epidemie als Berichterstatter in Hamburg. 1893 zieht Löns nach Hannover. Dort ist er bei mehreren Zeitungen als Redakteur für verschiedene Ressorts tätig. Er heiratet Elisabeth Erbeck, veröffentlicht erste Gedichte und gibt satirische Gedichte im „Hannoverschen Anzeiger“ unter dem Pseudonym „Fritz von der Leine“ heraus. 1901 zieht Löns nach Bremen. Er lässt sich von seiner Ehefrau scheiden. In Skizzen und Erzählungen wie „Mein goldenes Buch“ und „Mein grünes Buch“ beschreibt Löns das Pflanzen- und Tierleben der Lüneburger Heide. 1902 heiratet er Lisa Hausmann. Aus der Ehe geht ein Kind hervor. 1904 erscheint Löns' erste wöchentliche Satire „Spiegelbilder“ im „Hannoverschen Tageblatt“. Er beginnt 1905 mit den Arbeiten an dem Buch „Wirbeltierfauna Hannovers“. „Mein braunes Buch“ erscheint ein Jahr später. Von 1907 bis 1909 arbeitet Löns an den „Lebensbildern aus der Tierwelt“. Er verfasst die Romane aus der niedersächsischen Bauernwelt „Der letzte Hausbur“ und „Dahinten in der Heide“. In seinen Werken finden sich Ansätze zu einer völkischen „Blut-und Boden-Ideologie“. 1909 veröffentlicht Löns „Mümmelmann“, „Aus Wald und Heide“ und „Mein blaues Buch“. Nach der Trennung von seiner Frau 1911 reist Löns nach Davos und gibt das „Zweite Gesicht“ heraus. 1912 kehrt er nach Hannover zurück. „Mein buntes Buch“ und „Heidebilder“ erscheinen 1913. Während des Ersten Weltkrieges dient Löns freiwillig. Am 26. September fällt Löns an der Front bei Loivre. Nach mehreren Umbettungen in Massengräbern in Frankreich werden Löns sterbliche Überreste auf Anordnung von Hitler exhumiert und am 30. November 1934 in Hamburg begraben. Am 2. August 1935 erfolgt eine von der Reichswehr glänzend organisierte erneute Beerdigung in der Nähe von Walsrode.

Verlaufsskizze

I. Hinführung

Stummer Impuls	Bild 1 Tafel (S. 82)	Bohrturm
Aussprache		
Stummer Impuls	Bild 2 Tafel (S. 85)	Heidelandschaft
Aussprache		
Impuls		L: Beide Bilder sind kaum vereinbar.
Aussprache		
Überleitung		L: Trotzdem handelt davon eine Ballade.
Zielangabe	Tafelanschrift	Der Bohrturm (Hermann Löns)

II. Textdarbietung

Lehrervortrag	Textblatt (S. 81)	Der Bohrturm
Spontanäußerungen		

III. Texterschließung

Wiederholendes Lesen		
		L: Worum geht es in dieser Ballade?
Aussprache		
Impuls		L: Untersuche die Mittelstrophe. Was fällt auf?
Aussprache		Kontrastwirkung
Arbeitsauftrag		L: Welche Kontraste verwendet Löns?
	Partnerarbeit	
Zusammenfassung		
Ergebnis	Tafelanschrift	
Impuls		L: Die Sprache von Löns ist aggressiv.
Aussprache		
Zusammenfassung	Tafelanschrift	

IV. Wertung

Leitfrage		L: Was meint Löns mit der Metapher vom „Schwarzen Tod“?
Aussprache		
Lehrerinformation		Pest und ihre Auswirkungen
	Folie 1 (S. 83)	Pest in einem Kloster
Aussprache		
Impuls		L: Die Ballade von Hermann Löns ist aktuell.
Aussprache		
Stummer Impuls	Folie 2 (S. 86)	Erdölförderung Erdölkatastrophen
Aussprache		

V. Sicherung

Zusammenfassung	Arbeitsblatt (S. 83)	Der Bohrturm
Kontrolle	Folie 4 (S. 84)	
	Folie 3 (S. 79)	Autorenporträt
Erlesen mit Aussprache		

VI. Vertiefung

Üben eines adäquaten Vortrags
Auswendig lernen

Der Bohrturm
(Hermann Löns)

Es steht ein schwarzes Gespenst im Moor;
Das ragt über Büsche und Bäume empor.
Es steht da groß und steif und stumm;
Sieht lauernd sich im Kreise um.

In Rosenrot prangt das Heideland;
„Ich ziehe dir an ein schwarzes Gewand."
Es liegt das Dorf so still und klein;
„Dich mache ich groß und laut und gemein."
Es blitzt der Bach im Sonnenschein;
„Bald wirst du schwarz und schmutzig sein."
Es braust der Wald so stark und stolz;
„Dich fälle ich zu Grubenholz."

Die Flamme loht, die Kette klirrt,
Es zischt der Dampf, der Ruß, der schwirrt,
Der Meißel frisst sich in den Sand;
Der schwarze Tod geht durch das Land.

Hermann Löns: Sämtliche Werke in acht Bänden, Bd. 1,
hrsg. von Friedrich Castelle.

Lit	Name: ______________________	Datum: ______________	

Der Bohrturm
(Hermann Löns)

Das balladeske Gedicht stammt aus der Anfangszeit der Erdölförderung in der Lüneburger Heide, in der seit 1880 Öl gewonnen wird.

❶ Inhalt:

____

____

❷ Welche Vorstellung ruft die erste Strophe hervor?

____

____

❸ Die mittlere Strophe wird durch starke Kontraste bestimmt. Finde diese heraus.

[ ]	→	[ ]
• Heide		
______________	→	______________
• Dorf		
______________	→	______________
• Bach		
______________	→	______________
• Wald		
______________	→	______________

❹ Wo wird Löns' Sprache besonders aggressiv?

____

____

❺ Wo verwendet Löns die Personifizierung als Stilmittel?

____

❻ Was meint Löns mit der Metapher vom „Schwarzen Tod"?

____

____

____

❼ Welche Einstellung hat Löns zur Industrialisierung?

____

____

____

____

____

❽ Teilst du diese Meinung?

____

____

____

____

____

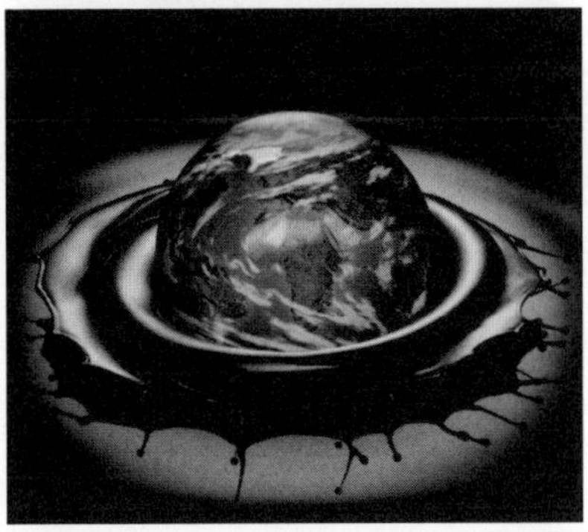

Lit Lösung:

Der Bohrturm
(Hermann Löns)

Das balladeske Gedicht stammt aus der Anfangszeit der Erdölförderung in der Lüneburger Heide, in der seit 1880 Öl gewonnen wird.

❶ Inhalt:

Ein Bohrturm steht bedrohlich in der Heidelandschaft. Er kündigt an, dass das Erdöl und seine negativen Nebeneffekte die ganze Natur zerstören werden.

❷ Welche Vorstellung ruft die erste Strophe hervor?

Der Bohrturm ist absolut präsent, er wirkt unheimlich, bedrohlich und gefährlich, die Idylle der Natur ist gefährdet und wird unterdrückt.

❸ Die mittlere Strophe wird durch starke Kontraste bestimmt. Finde diese heraus.

Heile Welt	→	Bedrohung
• **Heide**		
rosenrot	→	schwarz
• **Dorf**		
still, klein	→	groß, laut, gemein
• **Bach**		
blitzt	→	schwarz, schmutzig
• **Wald**		
stark, stolz	→	gefällt

❹ Wo wird Löns' Sprache besonders aggressiv?

Bei der Beschreibung der Bohrtätigkeit verwendet Löns aggressive, lautmalerische Verben (klirrt, zischt, loht, schwirrt, frisst) und die Alliteration (steif, stumm; schwarz, schmutzig; Kette klirrt)

❺ Wo verwendet Löns die Personifizierung als Stilmittel?

Der Bohrturm wird als schwarzes Gespenst dargestellt, das Drohungen ausspricht.

❻ Was meint Löns mit der Metapher vom „Schwarzen Tod"?

Löns meint, dass Erdöl genauso gefährlich und tödlich ist wie die Pest im Mittelalter. Gegen diese Seuche gab es kein Gegenmittel, sie führte zu einem qualvollen Tod. Millionen von Menschen wurden von ihr hinweggerafft.

❼ Welche Einstellung hat Löns zur Industrialisierung?

Löns als heimatverbundener Dichter lehnt die Industrialisierung gerade in der Lüneburger Heide strikt ab. Er sieht die Bedrohung für die Natur, insbesondere für die unberührte Heidelandschaft.

❽ Teilst du diese Meinung?

Gerade wenn es um Erdöl geht, denke ich wie Löns an die vielfältige Gefährdung der Natur. Erdöltanker müssten erheblich stabiler gebaut werden.

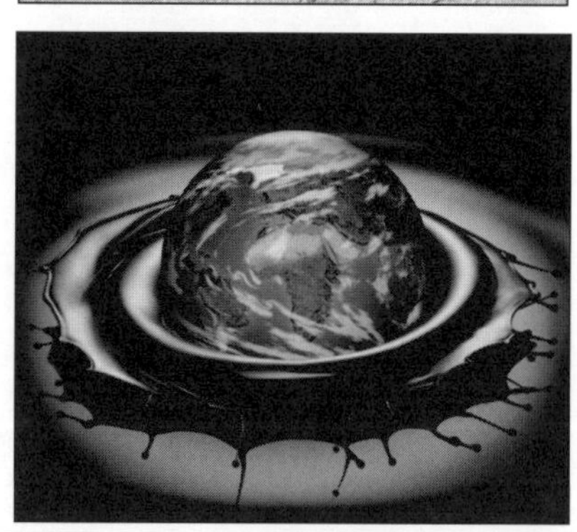

Bertolt Brecht: Die Ballade vom Wasserrad

Lerninhalte:

- Kennenlernen einer Ballade von Bertolt Brecht
- Wissen um den Aufbau der Ballade
- Herausfinden der Bedeutung der Metaphern „Rad“ und „Wasser“
- Herausfinden der Aussage Brechts
- Herausfinden der Ideologie, die hinter Brechts Aussage steckt
- Wissen um die Aktualität dieser Ballade

Arbeitsmittel / Medien:

- Textblatt (Ballade)
- Arbeitsblatt mit Lösung
- Bild für die Tafel: Wasserrrad
- Folie 1: Soziale Schichten (Pyramide des Kapitals)
- Folie 2: Armut – Reichtum
- Folie 3: Autorenporträt
- CD „Klammheimliche Hits der Achtziger“. Pläne. Bestellnummer 6079145 (14.99 €) bei JPC

Bertolt Brecht

Eugen Berthold Friedrich Brecht wurde am 10. Februar 1898 in Augsburg als Sohn des Papierfabrikdirektors Berthold Friedrich Brecht geboren. Von 1908 bis 1917 besuchte er das noch heute bestehende Peutinger-Realgymnasium in Augsburg, welches er mit dem Notabitur abschloss. Danach studierte er Literatur und Medizin in München. 1918 wurde er zum Militär eingezogen und arbeitete als Sanitäter in einem Lazarett in Augsburg. Dort lernte er Paula Banholzer kennen, die 1919 seinen Sohn Frank zur Welt brachte. 1922 heiratete er die Schauspielerin und Opernsängerin Marianne Zoff und siedelte 1924 nach Berlin über. Dort besuchte er die marxistische Arbeiterschule und widmete sich dem Studium des Marxismus. 1929 heiratete er Helene Weigel. Im gleichen Jahr kam Tochter Barbara zur Welt. 1933 floh er vor den Nationalsozialisten und lebte in den nächsten zehn Jahren in der Tschechei, in Österreich, der Schweiz, Frankreich, Dänemark Schweden, Finnland und Russland, ehe er 1943 in die USA emigrierte. Nach dem Krieg verweigerten die Alliierten 1947 Brecht den Aufenthalt in Westdeutschland. Sie unterstellten ihm eine kommunistische Einstellung. Deshalb zog er 1949 nach Ost-Berlin, wo er mit seiner Frau Helene Weigel das Berliner Ensemble gründete. 1950 erwarb er die österreichische Staatsbürgerschaft, 1953 wendete er sich vom Kommunismus ab.
Brecht starb nach einem Herzinfarkt am 14. August 1956 in der Charité in Ost-Berlin und wurde am 17. August unter großer Anteilnahme der Bevölkerung und im Beisein zahlreicher Vertreter aus Politik und Kultur auf dem Dorotheenstädtischen Friedhof in Berlin begraben. 1971 wurde seine Frau und berühmte Brecht-Interpretin neben ihm beerdigt.
Brecht ist nach Marcel Reich-Ranicki der bedeutendste und einflussreichste Dramatiker des 20. Jahrhunderts. Seine „Dreigroschenoper“ (Uraufführung 1928) wurde zum größten Theatererfolg der Weimarer Republik. Weitere berühmte Werke sind „Baal“ (1923), „Aufstieg und Fall der Stadt Mahagonny“ (1930), „Mutter Courage und ihre Kinder“ (1941), „Leben des Galilei“ (1943), „Herr Puntila und sein Knecht Matti“ (1948). Daneben schrieb Brecht viele sozialkritische Gedichte, Songs und Balladen, an deren Tradition heutige Lyriker und Liedermacher wie Reiner Kunze und Wolf Biermann anknüpften.

Verlaufsskizze

I. Hinführung		
Stummer Impuls	Bild Tafel (S. 93)	Wasserrad
Aussprache		
Überleitung		L: Es spielt in einer Ballade eine wichtige Rolle.
Zielangabe	Tafelanschrift	Die Ballade vom Wasserrad (Bertolt Brecht)
II. Textdarbietung		
Lehrervortrag	Textblatt (S. 89)	Die Ballade vom Wasserrad
Spontanäußerungen		
III. Texterschließung		
Wiederholendes Lesen		
Lehrerinformation		L: Die Ballade stammt aus dem Bühnenstück „Die Rundköpfe und die Spitzköpfe oder Reich und Reich gesellt sich gern" von Brecht. L: Worum geht es in dieser Ballade?
Aussprache		
Impuls		L: Brecht verwendet „Wasser" und „Rad" als Metaphern.
Aussprache	Tafelanschrift	Wasser = Volk, untere Schicht, Proletariat Rad = herrschende Schicht, Bourgeoisie
Impuls		L: Untersuche die drei Vierzeiler. Was fällt auf?
Aussprache		
Zusammenfassung	Tafelanschrift	
Stummer Impuls	Tafelanschrift	Karl Marx (1818–1883) Friedrich Engels (1820–1895)
Aussprache		
Lehrerinformation		Kommunistisches Manifest Das Kapital L: Was will Brecht mit seiner Ballade aussagen?
Aussprache		
Stummer Impuls	Folie 1 (S. 90) Folie 2 (S. 91)	Soziale Schichten Armut – Reichtum
Aussprache		
Zusammenfassung	Tafelanschrift	
IV. Wertung		
Leitfrage		L: Welche politische Anschauung steckt hinter Brechts Ballade?
Aussprache		L: Ist Brechts Aussage heute noch aktuell?
Aussprache		
V. Sicherung		
Zusammenfassung	Arbeitsblatt (S. 91)	Die Ballade vom Wasserrad
Kontrolle	Folie 4 (S. 92) Folie 3 (S. 87)	Autorenporträt
Erlesen mit Aussprache		
VI. Vertiefung		
Üben eines adäquaten Vortrags		
Auswendig lernen		L: Der Begriff „Ballade" kann auch als Musikstück verstanden werden (gesungen oder instrumental)
Anhören einer Vertonung	CD	Die Ballade vom Wasserrad Musik: Hanns Eisler (1898–1962)
Aussprache mit Vergleich		

Die Ballade vom Wasserrad
(Bertolt Brecht)

I Von den Großen dieser Erde
melden uns die Heldenlieder:
steigend auf so wie Gestirne
gehn sie wie Gestirne nieder.
Das klingt tröstlich, und man muß es wissen.
Nur: für uns, die sie ernähren müssen,
ist das leider immer ziemlich gleich gewesen.
Aufstieg oder Fall: wer trägt die Spesen?

Freilich dreht das Rad sich immer weiter
daß, was oben ist, nicht oben bleibt.
Aber für das Wasser unten heißt das leider
nur: daß es das Rad halt ewig treibt.

II Ach, wir hatten viele Herren,
hatten Tiger und Hyänen,
hatten Adler, hatten Schweine,
doch wir nährten den und jenen.
Ob sie besser waren oder schlimmer:
ach, der Stiefel glich dem Stiefel immer
und uns trat er. Ihr versteht: ich meine,
daß wir keine andern Herren brauchen,
sondern keine!

Freilich dreht das Rad sich immer weiter
daß, was oben ist, nicht oben bleibt.
Aber für das Wasser unten heißt das leider
nur: daß es das Rad halt ewig treibt.

III Und sie schlagen sich die Köpfe
blutig, raufend um die Beute,
nennen andre gierige Tröpfe
und sich selber gute Leute.
Unaufhörlich sehn wir sie einander grollen
und bekämpfen. Einzig und alleinig,
wenn wir sie nicht mehr ernähren wollen,
sind sie sich auf einmal völlig einig.

Denn dann dreht das Rad sich nicht mehr weiter
und das heitre Spiel, es unterbleibt,
wenn das Wasser endlich mit befreiter
Stärke seine eigne Sach betreibt.

Albus: Balladen © Brigg Pädagogik Verlag GmbH, Augsburg

Lit Name: ______________________ Datum: ______________

Die Ballade vom Wasserrad
(Bertolt Brecht)

❶ **Welche technische Bedeutung hat ein Wasserrad?**

❷ **„Wasser“ und „Rad“ sind Metaphern. Was bedeuten sie?**

❸ **In welchem Verhältnis stehen diese beiden Metaphern zueinander?**

❹ **Wen meint Brecht mit den „Großen“ dieser Erde?**

❺ **Betrachte die drei vierzeiligen Refrains der Ballade. Was fällt auf?**

❻ **Was fordert Brecht vom „Wasser“?**

❼ **Was will Brecht mit seiner Ballade aussagen?**

❽ **Welche politische Anschauung steckt dahinter?**

❾ **Ist Brechts Aussage auch heute noch aktuell?**

Die Ballade vom Wasserrad
(Bertolt Brecht)

❶ Welche technische Bedeutung hat ein Wasserrad?
Wasserräder ersetzen beim Fördern von Wasser die Muskelkraft. Sie dienen als Antriebsaggregate für Maschinen.

❷ „Wasser“ und „Rad“ sind Metaphern. Was bedeuten sie?
„Wasser“ steht für das Volk, für die arme, oft unterdrückte Schicht, das Proletariat, die arbeitende Klasse. Mit „Rad“ ist die herrschende Schicht gemeint, die reich, „von Gottes Gnaden“, unabhängig und sorglos leben kann, wie zum Beispiel Monarchen, Adelige und der Geldadel.

❸ In welchem Verhältnis stehen diese beiden Metaphern zueinander?
Die Grundlage jeder funktionierenden Wirtschaft ist die Arbeitskraft des Volkes. Ohne sie könnte die herrschende Schicht nicht in Wohlstand oder gar Reichtum leben.

❹ Wen meint Brecht mit den „Großen“ dieser Erde?
Damit meint Brecht Menschen aus Politik und Wirtschaft, die Macht, Geld und Einfluss haben.

❺ Betrachte die drei vierzeiligen Refrains der Ballade. Was fällt auf?
Die beiden ersten Vierzeiler sind gleich. Dort bleibt das Wasser unten und muss das Rad in Gang halten. Im letzten Vierzeiler ändert sich das. Das Wasser treibt das Rad nicht mehr an, es „befreit“ sich und sucht sich mit Kraft seinen eigenen Weg.

❻ Was fordert Brecht vom „Wasser“?
Brecht fordert in der dritten Strophe, im Refrain wie auch am Ende der zweiten Strophe das „Wasser“ und damit das Volk auf, seinen eigenen Weg zu gehen, es braucht keine Herrscher.

❼ Was will Brecht mit seiner Ballade aussagen?

Brecht sympathisiert eindeutig mit den unteren Schichten. Er will den Klassenkampf. Um die Klassenunterschiede zu beseitigen, ist eine Auflehnung des Proletariats gegen die ausbeutende besitzende Klasse, die Bourgeoisie, unumgänglich.

❽ Welche politische Anschauung steckt dahinter?
Karl Marx und Friedrich Engels propagierten in ihrem kommunistischen Manifest 1848 den Klassenkampf. Ihre Maxime „Proletarier aller Länder, vereinigt euch!“ ist mit der Aufforderung verbunden, das Bürgertum zu beseitigen. Hinter der Ballade steckt Brechts kommunistisch-marxistische Ideologie.

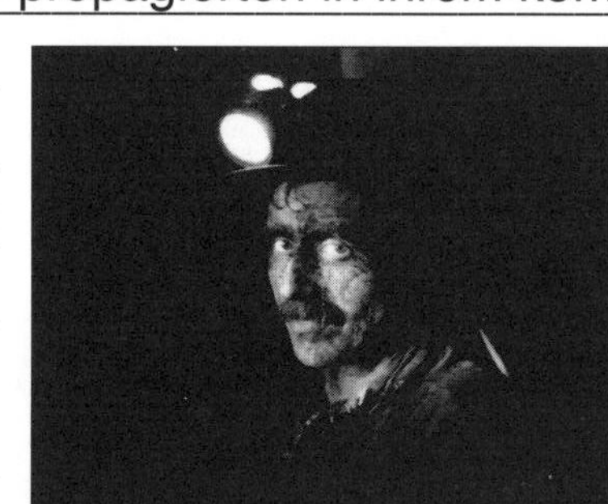

❾ Ist Brechts Aussage auch heute noch aktuell?
Brechts Aussage ist zeitlos, wenn es um die oft erschreckenden sozialen Gegensätze, die riesige Kluft zwischen Arm und Reich geht, die in jeder Gesellschaft vorhanden sind. Allerdings sollten Lösungen nicht gewaltsam, sondern mithilfe demokratischer Prozesse angestrebt werden.

Wasserrad:
frühe technologische Errungenschaft zur Bewässerung von Feldern und zum Antreiben von Mühlen u. a.

In der Ballade:
Symbol der Herrschaft
Privilegierte
Oberschicht

Wasser:
wichtiges Element, lebensnotwendig; wird vom Menschen produktiv verwendet, kann aber auch Verderben bringen, z. B. Flut, Überschwemmungen

In der Ballade:
Symbol der Befreiung
Sprengung der Fesseln
Volk
Proletariat

„Wir brauchen keine anderen Herren, sondern keine."

Günter Kunert: Wie ich ein Fisch wurde

Lerninhalte:

- Kennenlernen einer Ballade von Günter Kunert
- Herausarbeiten der Struktur der Ballade
- Wissen, wie sich der Mensch verändert, nachdem er „Fisch“ geworden ist
- Herausfinden der Bedeutung der Metaphern „Sintflut“ und „Trockenheit“
- Wissen um den parabelähnlichen Charakter der Ballade
- Herausfinden der Aussage der Ballade
- Erkennen der biografischen Bezüge

Arbeitsmittel / Medien:

- Textblatt (Ballade)
- Arbeitsblatt mit Lösung
- Bild 1 für die Tafel: Fisch; Bild 2 für die Tafel: „Gleichschaltung“ von Menschen (Naziregime)
- Folie 1: Fischschwarm – Menschenmassen (Jugendweihe in der ehemaligen DDR)
- Folie 2: Karikatur von A. Paul Weber („Mit den Wölfen heulen“)
- Folie 3: Autorenporträt
- 10 Wortkarten (siehe Unterrichtsskizze)

Günter Kunert

1929 geboren in Berlin
1936 Volksschule; keine Weiterbildungsmöglichkeiten wegen seiner jüdischen Abstammung
1943 Lehrling in einem Bekleidungsgeschäft; während des Krieges von den Nazi-Behörden für wehrunwürdig erklärt
1946 Studium der Grafik an der Hochschule für Angewandte Kunst in Berlin-Weißensee.
1948 erste Publikation von Gedichten und Geschichten für die Zeitschrift „Ulenspiegel“
1948 Eintritt in die SED
1950 Entdeckung und Förderung durch Johannes R. Becher
1951 Bekanntschaft mit Bertolt Brecht
seit 1952 Mitarbeit an verschiedenen Zeitschriften; Beiträge für Film, Fernsehen und Rundfunk
seit 1965 verstärkte Kritik an Kunert innerhalb kulturpolitischer Debatten in der DDR
1972 Visiting Associate Professor an der University of Texas in Austin-Texas; anschließend Reise durch die USA
1975 Writer in Residence an der University of Warwick-Großbritannien
seit 1976 Mitglied der Akademie der Künste (Berlin-West); Unterzeichnung der Biermann-Petition gegen dessen Ausbürgerung;
1977 Streichung der SED-Mitgliedschaft
seit 1979 mehrjähriges Visum für die Bundesrepublik Deutschland; lebt seitdem als freier Schriftsteller bei Itzeho, Mitglied der Deutschen Akademie für Sprache und Dichtung Darmstadt
2005 Präsident des P.E.N.-Zentrums deutschsprachiger Autoren im Ausland

Auszeichnungen:
1962 Heinrich-Mann-Preis; 1973 Johannes-R.-Becher-Preis; 1979 Georg-Mackensen-Literaturpreis; 1980 Ehrengabe des Kulturpreises im Bundesverband der Deutschen Industrie; 1983 Stadtschreiber des Frankfurter Stadtteils Bergen-Enkheim; 1985 Heinrich-Heine-Preis der Stadt Düsseldorf; 1990 Stadtschreiber der Stadt Mainz; 1991 Friedrich-Hölderlin-Preis; 1991 Ernst-Robert-Curtius-Preis für Essayistik; 1996 Hans-Sahl-Preis für sein Gesamtwerk; 1999 Prix Aristeion der Europäischen Union für Nachtvorstellung.

Verlaufsskizze

I. Hinführung		
Stummer Impuls	Bild 1 Tafel (S. 98)	Fisch
Aussprache		
Überleitung		L: Er spielt in der Ballade eine wichtige Rolle.
Zielangabe	Tafelanschrift	Wie ich ein Fisch wurde (Günter Kunert)
II. Textdarbietung		
Lehrervortrag	Textblatt (S. 97)	Wie ich ein Fisch wurde
Spontanäußerungen		
III. Texterschließung		
Wiederholendes Lesen		
Lehrerinformation		L: Worum geht es in dieser Ballade?
Aussprache		
Impuls		L: Ordne die Wortkarten richtig. Sie zeigen die Struktur der Ballade.
	Tafelanschrift	
Kästchen und Pfeile sind vorgezeichnet		
	Wortkarten	Mensch – Sintflut – Anpassung ans Fischsein – keine Anpassung – Tod – Trockenheit – Anpassung – wieder Mensch? – keine Anpassung ans Menschsein – Tod
Aussprache		
Zusammenfassung	Tafelanschrift	
		L: Wofür steht der Begriff „Fisch“?
Aussprache		
		L: Was meint Kunert mit „Sintflut“, was mit „Trockenheit“?
Aussprache		
Stummer Impuls	Bild 2 Tafel (S. 102)	Volk mit Hitlergruß
Aussprache		„Gleichschaltung“ von Menschen (Naziregime)
Stummer Impuls	Folie 1 (S. 101)	Fischschwarm – Menschenmassen
Aussprache mit Vergleich		
Zusammenfassung	Tafelanschrift	
IV. Wertung		
Leitfragen		Was will Kunert mit seiner Ballade aussagen? Was verlangt er vom Menschen?
Stummer Impuls	Folie 2 (S. 99)	Karikatur: Mit den Wölfen heulen (A. Paul Weber)
Aussprache		
Leitfragen		Ist es angenehm, „Fisch“ zu sein? Was ist der Unterschied zwischen „Fischsein“ und „Menschsein“?
Aussprache		
V. Sicherung		
Zusammenfassung	Arbeitsblatt (S. 99)	Wie ich ein Fisch wurde
Kontrolle	Folie 4 (S. 100)	
	Folie 3 (S. 95)	Autorenporträt
Erlesen mit Aussprache		
VI. Vertiefung		
Üben eines adäquaten Vortrags		
Auswendig lernen		
Impuls		L: Diese Ballade hat parabelähnlichen Charakter.
Aussprache		
Zusammenfassung	Tafelanschrift	Bildebene – Sinnebene

Wie ich ein Fisch wurde
(Günter Kunert)

I Am 27. Mai um drei Uhr hoben sich aus ihren Betten
Die Flüsse der Erde, und sie breiteten sich aus
Über das belebte Land. Um sich zu retten,
Liefen oder fuhren die Bewohner zu den Bergen raus.

II Als nachdem die Flüsse furchtbar aufgestanden,
Schoben sich die Ozeane donnernd übern Strand,
Und sie schluckten alles das, was noch vorhanden
Ohne Unterschied, und das war allerhand.

III Eine Weile konnten wir noch auf dem Wasser schwimmen,
Doch dann sackte einer nach dem andern ab.
Manche sangen noch ein Lied, und ihre schrillen Stimmen
Folgten den Ertrinkenden ins nasse Grab.

IV Kurz bevor die letzten Kräfte mich verließen,
Fiel mir ein, was man mich einst gelehrt:
Nur wer sich verändert, den wird nicht verdrießen
Die Veränderung, die seine Welt erfährt.

V Leben heißt: Sich ohne Ende wandeln.
Wer am Alten hängt, der wird nicht alt.
So entschloss ich mich, sofort zu handeln,
Und das Wasser schien mir nicht mehr kalt.

VI Meine Arme dehnten sich zu breiten Flossen,
Grüne Schuppen wuchsen auf mir voller Hast;
Als das Wasser mir auch noch den Mund verschlossen,
War dem neuen Element ich angepasst.

VII Lasse mich durch dunkle Tiefen träge gleiten,
Und ich spüre nichts von Wellen oder Wind,
Aber fürchte jetzt die Trockenheiten,
Und dass einst das Wasser wiederum verrinnt.

VIII Denn aufs Neue wieder Mensch zu werden,
Wenn man's lange Zeit nicht mehr gewesen ist,
Das ist schwer für unsereins auf Erden,
Weil das Menschsein sich zu leicht vergisst.

Lit Name: ____________________ Datum: ____________________

Wie ich ein Fisch wurde
(Günter Kunert)

❶ Inhalt:

____

____

____

____

____

❷ Wofür steht der Begriff „Fisch“?

____

____

❸ Die Grafik unten zeigt die Struktur der Ballade auf. Setze die Begriffe unten richtig ein.

Mensch – Anpassung ans Fischsein – Tod – keine Anpassung ans Menschsein – Trockenheit – Tod – Sintflut – keine Anpassung – Anpassung – wieder Mensch?

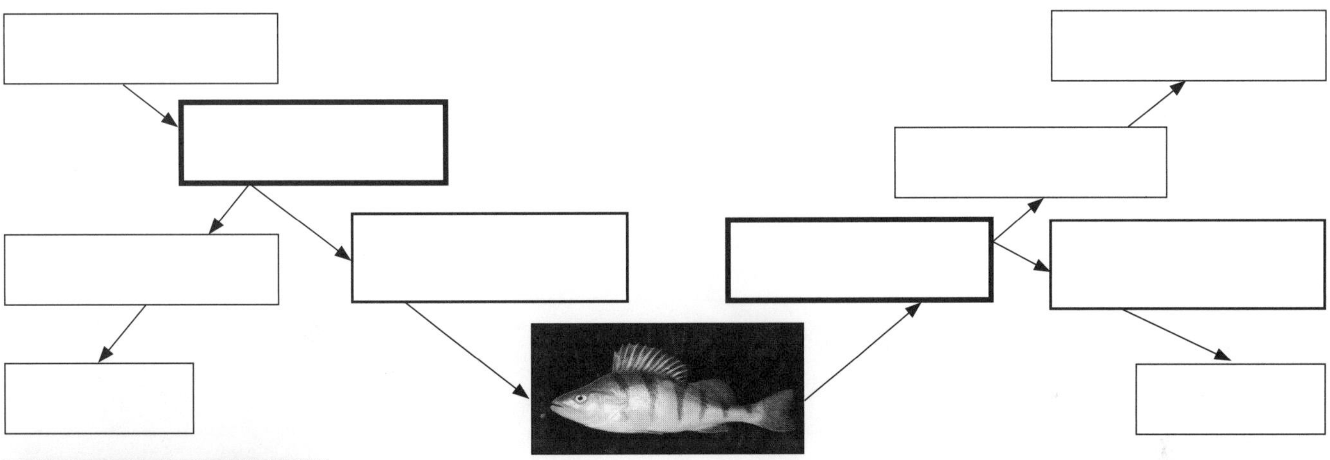

© VG Bild-Kunst

❹ Inwiefern hat der Mensch Fischeigenschaften angenommen?

____

____

____

____

❺ Was bedeutet die Redewendung „mit den Wölfen heulen“?

____

____

____

❻ Kunert verwendet die Begriffe „Sintflut“ und „Trockenheit“ als Metaphern. Erkläre.

____

____

____

❼ Was will Kunert mit seiner Ballade, die autobiografische Züge trägt, aussagen?

____

____

____

____

Lit Lösung:

Wie ich ein Fisch wurde
(Günter Kunert)

❶ Inhalt:

Nach einer sintflutartigen Überschwemmung rettet sich der Ich-Erzähler vor dem Ertrinken, indem er sich den Gegebenheiten unter Wasser anpasst. Er mutiert zu einem Fisch. Zufrieden mit seinem neuen Leben lässt er sich träge treiben und fürchtet nur, dass das Wasser durch eine Trockenperiode wieder verschwinden könnte.

❷ Wofür steht der Begriff „Fisch“?

Er steht für einen angepassten Menschen, der sich mit einem totalitären System arrangiert und zum Mitläufer wird.

❸ Die Grafik unten zeigt die Struktur der Ballade auf. Setze die Begriffe unten richtig ein.

Mensch – Anpassung ans Fischsein – Tod – keine Anpassung ans Menschsein – Trockenheit – Tod – Sintflut – keine Anpassung – Anpassung – wieder Mensch?

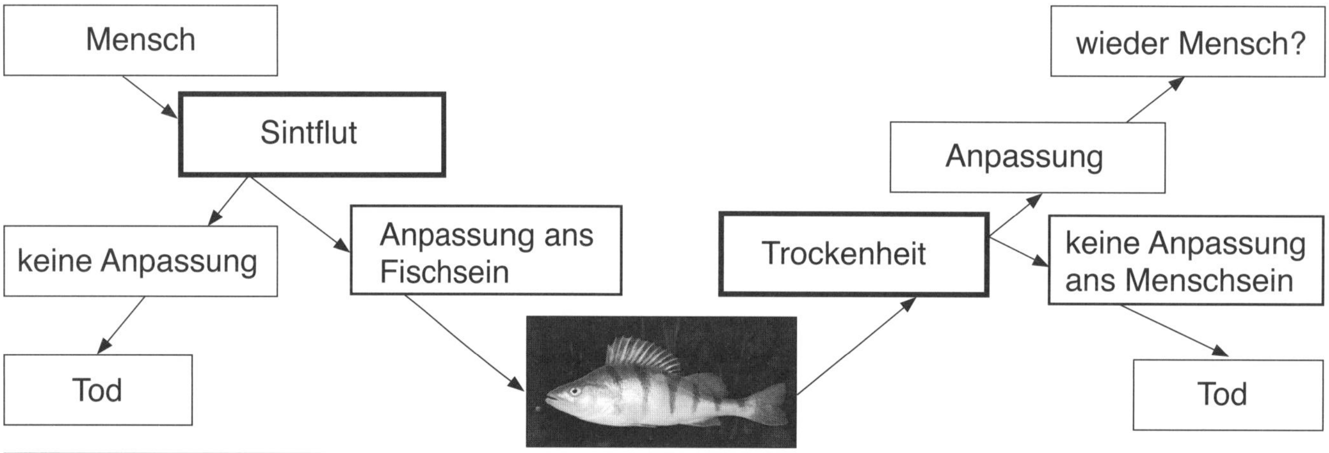

© VG Bild-Kunst

❹ Inwiefern hat der Mensch Fischeigenschaften angenommen?

Der angepasste Mensch nimmt weder Kälte noch eine feindliche Umgebung wahr, er lässt sich mit der Masse im Strom treiben. Er ist träge, denkt nichts, erinnert sich an nichts und bleibt stumm, wenn er Stellung beziehen soll. Er fürchtet sich vor einer Veränderung der bestehenden Situation.

❺ Was bedeutet die Redewendung „mit den Wölfen heulen“?

Damit ist gemeint, dass der Mensch sich allzu gern den (politischen) Vorgaben eines Systems anpasst, kritiklos wird und die Meinung der oft aggressiven Mehrheit („Wölfe“) übernimmt, damit ihm nichts passiert.

❻ Kunert verwendet die Begriffe „Sintflut“ und „Trockenheit“ als Metaphern. Erkläre.

Mit „Sintflut“ meint Kunert eine Katastrophe im politischen Sinn, die Machtergreifung durch ein totalitäres System. Erst mit der „Trockenheit“, der Rückkehr zu demokratischen Verhältnissen, wird die alte Ordnung wiederhergestellt.

❼ Was will Kunert mit seiner Ballade, die autobiografische Züge trägt, aussagen?

Diese Ballade hat eine eindeutig politische Dimension. Kunert wünscht sich Menschen, die ihr Denken nicht „ausschalten“, die kritisch und frei bleiben wollen und lieber Probleme in Kauf nehmen, als sich an das herrschende System anzupassen. Parallelen zum ehemaligen sozialistischen DDR-Staat, in dem Kunert bis 1979 lebte, sind deutlich festzustellen.

Reinhard Mey: Kaspar

Lerninhalte:

- Kennenlernen einer Ballade von Reinhard Mey, die er als Chanson vertont hat
- Wissen um den historischen Hintergrund der Ballade
- Kenntnis und Beurteilung der Reaktion der Leute auf den Menschen Kaspar
- Vergleich des Kaspar im Chanson mit dem historischen Kaspar Hauser
- Vergleich des Chansons von Reinhard Mey mit einem Gedicht von Georg Trakl
- Kennenlernen einer Verfilmung des Kaspar-Hauser-Stoffes
- Kennenlernen des Autoren Reinhard Mey

Arbeitsmittel / Medien:

- Textblatt (Ballade)
- Arbeitsblatt mit Lösung
- Folien 1/2: Bilder und Texte zu Kaspar Hauser
- Folie 3: Autorenporträt
- Folie 4: Kaspar Hauser Lied (Georg Trakl)
- Folie 5: Bänkelsang
- CD: Reinhard Mey: Ankomme Freitag, den 13. Bestellnummer 5689501 bei JPC (9,99 €)
- DVD: Kaspar Hauser. Jeder für sich und Gott gegen alle. Regie: Werner Herzog. ARTHAUS

Reinhard Mey

„Solange ich hören kann, habe ich nach Auswegen aus dem Elend des deutschen Schlagers gesucht, dessen ewiggestriges internationalen Musiktrends Hinterherhinken und dessen peinliche Anspruchslosigkeit Schuld daran sind, dass deutsche Unterhaltungsmusik – wenn überhaupt – mit Spott und mitleidigem Lächeln bemerkt wird."
Also sprach Reinhard Mey, als ihn die Deutsche Phono-Akademie 1999 für den Schallplattenpreis Echo nominieren wollte – in der Kategorie Deutscher Schlager. Für Mey eine „Beleidigung". Nicht „Schlagerfuzzi" wolle er sein, sondern ein Liedermacher, der versuche, „in der kargen Dürre der deutschen Musiklandschaft die seltene, schöne, zarte Blume Chanson auszusäen, zu hegen und zu pflegen." Indessen hat es durchaus seinen guten Grund, dass Reinhard Mey solch üblen Verdächtigungen ausgesetzt ist: Welcher andere deutsche Musiker hat es schon geschafft, dass Teile seiner Texte als Schlagworte in die Umgangssprache eingehen? „Der Mörder ist immer der Gärtner" (1971) oder „Es gibt keine Maikäfer mehr" (1974), aber auch „Hymne an Frau Pohl" (1972) und „Ankomme Freitag, den 13." waren Lieder, deren Refrains Anfang der 70er jedes Schulkind auswendig konnte.
Da war der am 21. Dezember 1942 in Berlin geborene Sohn eines Rechtsanwalts und einer Lehrerin auf dem Höhepunkt seines Ruhms und gleichermaßen in Deutschland wie – unter dem Pseudonym Frédéric Mey – Frankreich aktiv. Das heitere Augenzwinkern, mit dem alle seine Platten von der ersten Single „Geh und fang den Wind" (1965) bis zum Album „Mein Achtel Lorbeerblatt" (1972) vorwiegend private Themen behandeln, weicht allerdings in späteren Jahren zumindest teilweise einer gewissen Neigung zur Betroffenheit. Sein Engagement für die Kinder-Aids-Hilfe und gegen sexuellen Missbrauch ist vorbildlich, an anderer Stelle wirkt die Bekenntniswut Meys eher aufgesetzt.
Reinhard Mey hat mit seiner zweiten Frau Hella, die er 1977 geheiratet hat, drei Kinder und lebt seit seiner Geburt in Berlin.
Reinhard Mey erhielt zahlreiche Auszeichnungen wie den „Grand Prix du Disque", den „Preis der deutschen Schallplattenkritik", den Verdienstorden des Landes Berlin und das Bundesverdienstkreuz am Bande. Als bedeutenden deutschen Chansonsänger wurden Reinhard Mey im Verlauf seiner Karriere mehrere Goldene Schallplatten verliehen.

Verlaufsskizze

I. Hinführung

Stummer Impuls	Tafelanschrift	Kaspar Hauser
Aussprache		
Überleitung		L: Um diesen Namen geht es in einer Ballade.
Zielangabe	Tafelanschrift	Kaspar (Reinhard Mey)

II. Textdarbietung

Lehrervortrag	Textblatt (S. 105)	Kaspar
Spontanäußerungen		

III. Texterschließung

Wiederholendes Lesen		
Chanson	CD	Kaspar (gesungen von Reinhard Mey)
Aussprache		
		L: Klärung schwieriger Begriffe.
	Tafelanschrift	vermaledeien = verfluchen
Leitfrage		L: Worum geht es in dieser Ballade?
Aussprache		
	Folie 1 (S. 106)	Bilder/Texte über Kaspar Hauser (Erscheinen, Mord)
	Folie 2 (S. 109)	Kaspar Hauser (Lebensbeschreibung)
Aussprache		
Impuls		L: Einige Fragen bleiben offen.
Aussprache		Ermordung? Motiv? Genuntersuchungen?
		L: Wie wird Kaspar Hauser von den Menschen empfangen?
Aussprache		
		L: Welchen Hintergrund hat die Äußerung „von den Wölfen gesäugt"?
Aussprache mit Lehrerinformation		
Zusammenfassung	Tafelanschrift	

IV. Wertung

Leitfrage	Folie 5 (S. 107)	L: Was zeigt das Bild?
Aussprache	Tafelanschrift	Bänkelsang – Moritat (von Mored-Tat = Mordtat)
Leitfrage		L: Ist Mey ein Bänkelsänger? Seine Intention?
Aussprache		
Ergebnis		Nein. Sympathie für Kaspar, seine Unschuld und Unverdorbenheit.

V. Sicherung

Zusammenfassung	Arbeitsblatt (S. 107)	Kaspar (Reinhard Mey)
Kontrolle	Folie 6 (S. 108)	
	Folie 3 (S. 103)	Autorenporträt
Erlesen mit Aussprache		

VI. Vertiefung

Stummer Impuls	Folie 4 (S. 110)	Kaspar Hauser Lied (Georg Trakl)
Stilles Erlesen		
Aussprache mit Leitfragen		Vergleich mit Meys Ballade: Wo sind Gemeinsamkeiten, wo gravierende Unterschiede?
Üben eines adäquaten Vortrags		
Auswendig lernen		

VII. Zusammenfassung

	DVD	Kaspar Hauser (Regie: Werner Herzog)
Aussprache mit Vergleich zur Verfilmung		

Kaspar
(Reinhard Mey)

I Sie sagten, er käme von Nürnberg her und er spräche kein Wort.
Auf dem Marktplatz standen sie um ihn her und begafften ihn dort.
Die einen raunten: „Er ist ein Tier."
Die andern fragten: „Was will der hier?"
„Und dass er sich zum Teufel scher, so jagt ihn doch fort!"

II Sein Haar in Strähnen und wirre, sein Gang war gebeugt.
„Kein Zweifel, dieser Irre ward vom Teufel gezeugt."
Der Pfarrer reichte ihm einen Krug
voll Milch, er sog in einem Zug.
„Er trinkt nicht vom Geschirre, den hat die Wölfin gesäugt!"

III Mein Vater, der in unserem Orte der Schulmeister war,
Trat vor ihn hin, trotz böser Worte rings aus der Schar;
Er sprach zu ihm ganz ruhig und
Der Stumme öffnete den Mund
Und stammelte die Worte: „Heiße Kaspar."

IV Mein Vater brachte ihn ins Haus, „heiße Kaspar."
Meine Mutter wusch ihm die Kleider aus und schnitt ihm das Haar.
Sprechen lehrte mein Vater ihn,
Lesen und schreiben, und es schien,
Was man ihn lehrte, sog er in sich auf, wie gierig er war!

V Zur Schule gehörte derzeit noch das Üttinger Feld.
Kaspar und ich pflügten zu zweit, bald war alles bestellt;
Wir hegten, pflegten jeden Keim,
Brachten im Herbst die Ernte ein,
Von den Leuten vermaledeit, von deren Hunden verbellt.

VI Ein Wintertag, der Schnee war frisch, es war Januar.
Meine Mutter rief uns: „Kommt zu Tisch, das Essen ist gar!"
Mein Vater sagte: „ ... Appetit",
Ich wartete auf Kaspars Schritt,
Mein Vater fragte mürrisch: „Wo bleibt Kaspar?"

VII Wir suchten und wir fanden ihn auf dem Pfad bei dem Feld.
Der Neuschnee wehte über ihn, sein Gesicht war entstellt,
Die Augen angstvoll aufgerissen,
Sein Hemd war blutig und zerrissen.
Erstochen hatten sie ihn, dort am Üttinger Feld!

VIII Der Polizeirat aus der Stadt füllte ein Formular.
„Gott nehm ihn hin in seiner Gnad", sagte der Herr Vikar.
Das Üttinger Feld liegt lang schon brach,
Nur manchmal bell'n mir noch die Hunde nach,
Dann streu' ich ein paar Blumen auf das Feld, für Kaspar.

Kaspar Hauser taucht auf

26. Mai 1828. Am Nachmittag des Pfingstmontags taucht in Nürnberg ein etwa 18-jähriger, hilflos und geistig zurückgeblieben wirkender Mann auf, der als seinen Namen Kaspar Hauser angibt. Er gibt sich als Findelkind eines Tagelöhners aus und behauptet, nur notdürftig versorgt in einem Kellerverlies aufgewachsen zu sein. Kaspar Hauser zieht sofort das Interesse auf sich. Um seine Herkunft ranken sich bald Gerüchte. Man stellt pädagogische und psychologische Experimente mit ihm an. Das Aufheben, das man von seiner Person macht, verstört ihn völlig.

Kaspar Hauser wird ermordet

17. Dezember 1833. In Ansbach wird Kaspar Hauser, ein Findling unbekannter Herkunft, erstochen. Der Mörder entkommt unerkannt. Dem Mord gingen zwei Mordversuche voraus. Möglicherweise besteht ein Zusammenhang mit der von Paul Johann Anselm Ritter von Feuerbach 1832 in einer Schrift an Königin Caroline von Bayern veröffentlichten „Prinzentheorie". Nach dieser Theorie soll Hauser der am 29. September 1812 geborene Sohn des Großherzogs Karl von Baden und seiner Frau Stephanie Beauharnais sein. Seit seinem Auftauchen am 26. Mai 1828 in Nürnberg stand Kaspar Hauser im Mittelpunkt des allgemeinen Interesses. Isoliert in einem Kellerverlies aufgewachsen, war er zunächst – geistig unentwickelt – ein ideales Forschungs- und Versuchsobjekt für die pädagogisch ungemein interessierte Gesellschaft. Hauser wurde Experimenten unterzogen und in den Salons herumgereicht. Er wurde dadurch zunehmend verstörter, was Feuerbach, der 1832 die Vormundschaft über ihn übernahm, zu seiner Schrift „Kaspar Hauser. Beispiel eines Verbrechens am Seelenleben eines Menschen" (1832) veranlasste. Feuerbach begründete damit die moderne Kriminalpsychologie.

Lit | Name: ______________________ | Datum: ______________

Kaspar
(Reinhard Mey)

❶ **Inhalt:**

____

____

____

____

❷ **Wie wird Kaspar von den Menschen empfangen?**

____

____

____

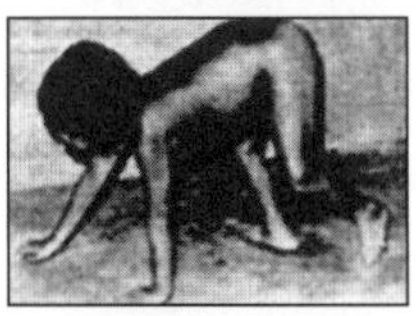

❸ **Welchen Hintergrund hat die Äußerung „den hat die Wölfin gesäugt"?**

____

____

____

____

____

____

____

❹ **Was bedeutet in diesem Zusammenhang der Begriff „Hospitalismus"?**

____

____

❺ **Warum wird Kaspar Hauser ermordet?**

____

____

❻ **Der Fall Kaspar Hauser erregte starkes öffentliches Aufsehen. Welches Ereignis ist auf dem Bild unten dargestellt? Seit wann gibt es diese Art der Berichterstattung?**

____

____

____

Kaspar
(Reinhard Mey)

❶ Inhalt:

Reinhard Mey singt von Kaspar Hauser, der in Nürnberg auftaucht. Das Findelkind scheitert trotz allen Bemühens, in die Gesellschaft aufgenommen zu werden, weil es dort nicht willkommen ist. Mey lässt das brisante politische Umfeld des Falles Kaspar Hauser weitgehend weg.

❷ Wie wird Kaspar von den Menschen empfangen?

Sie begaffen ihn und glauben, er sei irre, verrückt und ein Tier. Sie wähnen Kaspar vom Teufel gezeugt, von einer Wölfin gesäugt und bei ihr aufgewachsen. Sie feinden ihn an, verfluchen ihn und wollen ihn fortjagen.

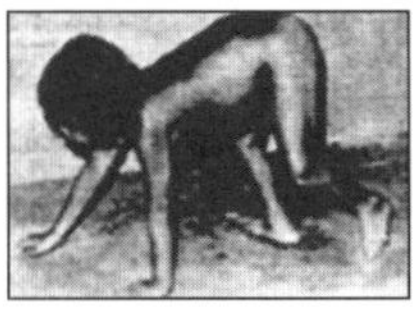

❸ Welchen Hintergrund hat die Äußerung „den hat die Wölfin gesäugt"?

Seit Mitte des 14. Jahrhunderts waren mindestens 53 Fälle von wilden Kindern oder Findelkindern, den sogenannten Wolfskindern bekannt, davon zwei aus Frankreich und drei aus Deutschland. Sie benahmen sich wie wilde Tiere, liefen auf allen Vieren, konnten nicht sprechen und waren meistens stark behaart. Literarische Wolfskinder aus dem Bereich der Sage sind Romulus und Remus und Dietrich von Bern. Das bekannteste literarische Wolfskind ist Mowgli aus dem Dschungelbuch von R. Kipling.

❹ Was bedeutet in diesem Zusammenhang der Begriff „Hospitalismus"?

Darunter versteht man alle negativen körperlichen und seelischen Begleitfolgen bei mangelnder Versorgung und liebloser Behandlung von Kindern, einhergehend mit starker Verwahrlosung.

❺ Warum wird Kaspar Hauser ermordet?

Vieles deutet darauf hin, dass Kaspar Hauser als erstgeborener Sohn des badischen Großherzogs Karl (1786–1818) den politischen Interessen im Wege stand und verschwinden musste.

❻ Der Fall Kaspar Hauser erregte starkes öffentliches Aufsehen. Welches Ereignis ist auf dem Bild unten dargestellt? Seit wann gibt es diese Art der Berichterstattung?

Auf dem Bild ist ein Bänkelsänger zu sehen, der die Ereignisse um Kaspar Hauser vorträgt. Der Begriff „Bänkelsänger" kommt von einer kleinen Holzbank, auf die der Sänger stieg, um vom Publikum besser gesehen zu werden. Dabei zeigte der Sänger auf eine Schautafel, die in einer Art Comic das Erzählte in oft drastischer Weise veranschaulichte, begleitet von einer Drehorgel oder einer Violine. Seit dem 17. Jahrhundert wurden von umherziehenden Sängern auf Märkten oder Festen außergewöhnliche Ereignisse wie z. B. Familientragödien, Verbrechen u. a. vor einem sensationslüsternem Publikum vorgetragen.

Kaspar Hauser

Begonnen hat alles am Pfingstmontag, 26. Mai 1828, auf dem Nürnberger Unschlittplatz. Dort torkelte gegen 16 Uhr ein Jüngling – später wurde sein Alter auf 15 bis 17 Jahre geschätzt – in die Arme zweier Handwerksburschen. Die Schustergesellen Jakob Beck und Georg Leonhard Weickmann dachten, sie hätten es mit einem Betrunkenen zu tun und versuchten, dem „pudelnärrischen" jungen Mann Informationen zu entlocken, um ihn nach Hause bringen zu können. Er sagte nur immer wieder den Satz „Ä sechtene Reiter möcht ih wähn, wie mei Vottä gwähn is" und so überlegten die beiden, wie dem Fremden zu helfen sei. Schließlich zog er einen Briefumschlag heraus und die beiden Handwerker brachten ihn zu der angegebenen Adresse in der Irrergasse 17, wo der Rittmeister von Wessenig lebte. Da dieser an jenem sonnigen Pfingstmontag im nahen Erlangen die Bergkirchweih besuchte, brachte der Hausbursche den ungewöhnlichen Fremdling in einen Nebenraum, wo er sogleich einschlief.
Herr von Wessenig ließ gleich nach seiner Heimkehr den jungen Burschen auf die Polizeiwache bringen, wo man in einem Verhör versuchte, den Namen und weitere Einzelheiten zu ermitteln. Der Jüngling gab aber nur unverständliche Laute und Wortfetzen von sich und erst als ein Polizeibeamter ihm eine Feder in die Hand gab, schrieb er mühsam, aber dennoch leserlich „Kaspar Hauser".
Man beschloss, den Unbekannten in eine Arrestzelle auf der Nürnberg Burg zu stecken, damit er dort seinen Rausch ausschlafen könne. In den folgenden Tagen versuchte man immer wieder in Gesprächen und Verhören, Details von Kaspar Hauser zu erfahren, doch außer dem bekannten Satz, dass er ein Reiter werden möchte, war nichts aus ihm herauszubekommen. Nach drei Monaten im Gefängnis wurde Kaspar Hauser zu dem Gymnasialprofessor Georg Friedrich Daumer in Kost und Logis gegeben, damit dieser sich der Erziehung und Ausbildung des Findelkindes annehmen konnte. Im Hause Daumer ging es Kaspar Hauser gut und sehr rasch lernte er Lesen und Schreiben, zeigte großes Interesse an seiner Umwelt und aufgrund seiner großen musischen Begabung fand er viel Freude beim Malen und Zeichnen, sowie dem Klavierspiel.
Seine positive Entwicklung nahm am 17. Oktober 1829 ein abruptes Ende: Ein Unbekannter attackierte Kaspar Hauser im Hause Daumer und verletzte ihn schwer, aber nicht lebensgefährlich. Dieses erste Attentat war Grund genug, Hauser aus der Wohnung Daumers zu entfernen und an einen sichereren Ort zu bringen. Im Januar 1830 zog Kaspar in das Haus des Kaufmanns und Magistratsrates Biberbach. Ein knappes halbes Jahr später fand er dann Aufnahme im Haus seines offiziellen Vormunds, des Freiherren Gottlieb von Tucher. Am 29. November 1831 musste er wiederum seine wenigen Habseligkeiten zusammenpacken und auf Geheiß seines neuen Vormunds, des Lord Stanhope, nach Ansbach umziehen. Hier lebte er bis zum 10. Dezember im Haus des Gerichtspräsidenten Anselm von Feuerbach und fand dann eine neue Bleibe im Haus Pfarrstraße 18, in der Wohnung des Lehrers Meyer. Feuerbach beschäftigte Hauser im Appellationsgericht, gegenüber der Meyerschen Wohnung, als Schreiber.
Kaspar Hauser lebte sich gut in Ansbach ein, wenn auch das Verhältnis zum Lehrer Meyer als äußerst gespannt beschrieben werden muss. Am 20. Mai 1833 wurde Kaspar Hauser in der Schwanenritterkapelle konfirmiert und in diesem Jahr begann er auch erste zarte Gefühle für die Tochter des Regierungspräsidenten, für Lila von Stichaner, zu entwickeln. Am 14. Dezember 1833 lockte ihn ein Unbekannter in den Hofgarten, weil er dort etwas über seine Herkunft erfahren würde. Kaspar Hauser ging an jenem düsteren Dezembersamstag alleine in den Hofgarten und der Unbekannte stach ihn mit einem gezielten Hieb in die Brust nieder. An den Folgen dieser schweren Verletzung starb er drei Tage später, am 17. Dezember 1833 gegen 22 Uhr in der Wohnung des Lehrers Meyer. Wiederum drei Tage später, am 20. Dezember 1833, wurde er unter großer Anteilnahme der Bevölkerung auf dem Stadtfriedhof beigesetzt.
Fragen, die bis heute die Gemüter bewegen, sind: Wer war Kaspar Hauser? Wo kam er her? Wo war er vor seinem Auftauchen in Nürnberg? Im Wesentlichen gibt es zwei große Lager in der Kaspar-Hauser-Forschung. Die einen sagen, er sei ein Betrüger und Hochstapler gewesen, der alle Welt bis auf den heutigen Tag hinters Licht führt. Die anderen sind der festen Überzeugung, Kaspar Hauser sei der erstgeborene Sohn des badischen Großherzogs Karl (1786–1818) und Stephanie Beauharnais (1789–1860).
Eine endgültige Klärung der wahren Herkunft Kaspar Hausers konnten auch die Genuntersuchungen im Jahr 1996 nicht bringen, die das Nachrichtenmagazin „Der Spiegel" veranlasst hatte. Fest steht seither nur, dass das Blut auf der Kleidung Kaspar Hausers vom Attentatstag keine Übereinstimmung mit den Nachkommen der Schwestern des Erbprinzen hat, für den Kaspar Hauser gehalten wird.
2002 führten Wissenschaftler des rechtsmedizinischen Instituts aus Münster eine weitere Genanalyse durch, die durch eine ARTE-Dokumentation bekannt wurde. Sie nutzten sechs Proben toten Gewebematerials (u. a. Haare) und fanden heraus, dass dessen genetischer Code nicht mit dem von der Unterhose Kaspar Hausers stammenden Blut identisch ist. Dagegen sei die genetische Übereinstimmung mit weiblichen Nachfahren der Stephanie de Beauharnais relativ hoch. Ein endgültiges wissenschaftliches Gutachten steht indessen noch aus.

Kaspar Hauser Lied
(Georg Trakl)
Für Bessie Loos

I Er wahrlich liebte die Sonne, die purpurn den Hügel hinabstieg,
Die Wege des Walds, den singenden Schwarzvogel
Und die Freude des Grüns.

II Ernsthaft war sein Wohnen im Schatten des Baums
Und rein sein Antlitz. Gott sprach eine sanfte Flamme zu seinem Herzen:
O Mensch!

III Stille fand sein Schritt die Stadt am Abend;
Die dunkle Klage seines Munds:
Ich will ein Reiter werden.

IV Ihm aber folgte Busch und Tier,
Haus und Dämmergarten weißer Menschen
Und sein Mörder suchte nach ihm.

V Frühling und Sommer und schön der Herbst
Des Gerechten, sein leiser Schritt
An den dunklen Zimmern Träumender hin.
Nachts blieb er mit seinem Stern allein;

Sah, dass Schnee fiel in kahles Gezweig
Und im dämmernden Hausflur den Schatten des Mörders.

Silbern sank des Ungebornen Haupt hin.

Die Bilder, die das Ende markieren, werden bestimmt durch die Merkmale Isolation, Kälte und Bedrohung. Gerade die Bedrohung wird besonders deutlich in der Verkehrung der Werte. Lebte früher der Gerechte „ernsthaft im Schatten des Baumes“, so sieht er nun im dämmernden Hausflur den „Schatten des Mörders“. Was er ursprünglich wollte mit dem Übergang, nämlich eine Rolle in der Gesellschaft übernehmen, bleibt ihm versagt. Er wird nicht in die Gesellschaft hineingeboren, bleibt „ungeboren" und muss sterben, ehe er in der Gesellschaft Fuß fassen konnte.
Kaspar Hauser, von Gott einst als Mensch angesprochen, suchte den Weg in die Gesellschaft, verbrachte eine Zeit in der Gesellschaft, ohne ihr Mitglied werden zu können, blieb der Gerechte, der er war, blieb leise, wurde so immer mehr gefährdet, bis er schließlich in seiner Isolation zusehen musste, wie das Einzige, das von außen zu ihm vordrang, der Schatten seines Mörders war.

Es scheint nach Trakl also nicht möglich, die individuelle Unschuld zu bewahren und gleichzeitig den Weg in die Gesellschaft zu gehen. Dieser Weg bedeutet immer schon ein Sich-Entfernen vom eigentlichen Idealzustand, eine Entfremdung, die zur Schuld wird und an deren Ende keineswegs die „Aufnahme in die Gesellschaft“ stehen muss, zumal dann nicht, wenn die Verwurzelung im ursprünglichen Zustand zu stark war.

Wolf Biermann: Die Ballade von dem Drainage-Leger Fredi Rohsmeisl aus Buckow

Lerninhalte:

- Kennenlernen einer Ballade von Wolf Biermann
- Wissen um den Aufbau der Ballade
- Herausfinden umgangssprachlicher Wendungen
- Einbeziehen geografischer und geschichtlicher Bezüge
- Herausfinden der Verfasserintention
- Beurteilung der Interpretation der Ballade durch Wolf Biermann
- Kennenlernen der Person des Liedermachers Wolf Biermann

Arbeitsmittel / Medien:

- Textblätter 1/2 (Ballade)
- Arbeitsblatt mit Lösung
- Folien 1/2: Text der Ballade
- Folie 3: Karten
- Folie 4: Ausbürgerung von Wolf Biermann
- Folie 5: Autorenporträt
- CD: Wolf Biermann zu Gast bei Wolfgang Neuss. Bestellnummer 403674 bei 2001 (8,99 €)

Wolf Biermann

Karl Wolf Biermann wurde am 15. November 1936 in Hamburg als Sohn des Werftarbeiters Dagobert Biermann und seiner Mutter Emma geboren. Sein Vater Dagobert war Jude und wurde 1943 im KZ Auschwitz ermordet. Einen Luftangriff der Alliierten überlebte Wolf Biermann nur dadurch, dass sich seine Mutter mit ihm durch einen Sprung in den Nordkanal vor den Flammen des brennenden Stadtviertel Hammerbrook rettet. Nach dem Krieg besuchte Biermann das Heinrich-Hertz-Gymnasium in Hamburg und siedelte nach dem Schulabschluss 1953 auf Veranlassung von Margot Honnecker, die ihn seit seiner Kindheit kannte, in die DDR über. Dort besuchte er die Polytechnische Oberschule und studierte bis 1963 an der Humboldt-Universität in Berlin politische Ökonomie, Philosophie und Mathematik. Daneben war er von 1957 bis 1959 als Regieassistent am Berliner Ensemble tätig. 1961 gründete er das Ost-Berliner Arbeiter- und Studetentheater, das aber schon 1963 geschlossen werden musste. Während der nächsten Jahre erhielt Biermann mehrmals ein Auftrittsverbot. 1965 verhängte das 11. Plenum des ZK der SED ein totales Auftritts- und Publikationsverbot in der DDR gegen ihn. So veröffentlichte Biermann in der BRD. Erst im September 1976 konnte er in Prenzlau in einer Kirche wieder auftreten. Während einer Konzertreise in der BRD erfolgte am 16. November 1976 die Ausbürgerung Biermanns aus der DDR. Zahlreiche Proteste aus der Kunst- und Literaturszene der DDR und der BRD folgten. Die Folge waren weitere, noch massivere Schikanen der DDR-Führung gegen die protestierenden Künstler und Literaten, was eine Ausreisewelle zur Folge hatte. Im Westen setzte Biermann seine Karriere fort. Heute lebt Deutschlands unbequemer Dichter und Denker im Hamburger Stadtteil Ottensen.

Zahlreiche Auszeichnungen und Ehrungen säumen den Weg des Künstlers. So erhielt er den Theodor-Fontane-Preis der Stadt Berlin (1969), den Jacques-Offenbach-Preis (1971), den Deutschen Schallplattenpreis (1973/1975/1977), den Deutschen Kleinkunstpreis für Chanson (1979), den Friedrich-Hölderlin-Preis (1989), den Mörike-Preis (1991), den Georg-Büchner-Preis (1991), den Heinrich-Heine-Preis der Stadt Düsseldorf (1993), den Deutschen Nationalpreis der Deutschen Nationalstiftung (1998), den Heinz-Galinski-Preis (2002), den Joachim-Ringelnatz-Preis für Lyrik (2006), das Große Bundesverdienstkreuz (2006) und die Ehrenbürgerwürde der Stadt Berlin (2007) als 115. Ehrenbürger von Berlin.

Verlaufsskizze

I. Hinführung

Stummer Impuls	Tafelanschrift	Drainage-Leger Fredi Rohsmeisl
Aussprache		
Überleitung		L: Um diesen Namen geht es in einer Ballade.
Zielangabe	Tafelanschrift	Die Ballade von dem Drainage-Leger Fredi Rohsmeisl aus Buckow (Wolf Biermann) L: Wo liegt Buckow?
Stummer Impuls	Folie 3 (S. 117)	Karten
Aussprache		

II. Textdarbietung

Lehrervortrag	Folien 1/2 (S. 113/114)	
Spontanäußerungen		

III. Texterschließung

Erstes Hören		
Ballade	CD	Die Ballade von dem Drainage-Leger Fredi Rohsmeisl aus Buckow (gesungen von W. Biermann)
Spontane Aussprache		
Erlesen der Schüler	Textblätter (S. 113/114)	
Aussprache		Inhalt L: Klärung schwieriger Begriffe
	Tafelanschrift	• Drainage = Entwässerung • Buckow = Stadt in der ehemaligen DDR • Fischerkietz = Fischersiedlung an Flussübergängen • verrammen = verprügeln • Konterrevolutionär = Aufständischer, Putschist • Sputnik (russ. „Weggefährte") = Satellit der UdSSR
Lehrerinformation		L: Der zehnte und letzte Sputnik wurde am 15. Mai 1961 gestartet. Anschließend erfolgte der erste bemannte Raumflug mit Juri Gagarin.
Arbeitsauftrag		L: Untersuche den Aufbau der Ballade.
Gruppenarbeit		
Zusammenfassung	Tafelanschrift	(analog Arbeitsblatt Nr. 4) L: Welche Funktion hat der Refrain?
Aussprache		

IV. Wertung

Leitfrage		L: Wofür steht Buckow stellvertretend?
Aussprache		
Leitfrage		L: Was will Biermann mit seiner Ballade aussagen?
Aussprache		
Erlesen	Folie 4 (S. 118)	Ausbürgerung von Wolf Biermann
Aussprache		

V. Sicherung

Zusammenfassung	Arbeitsblatt (S. 115)	Die Ballade von dem Drainage-Leger Fredi Rohsmeisl aus Buckow
Kontrolle	Folie 6 (S. 116)	
	Folie 5 (S. 111)	Autorenporträt
Erlesen mit Aussprache		

VI. Vertiefung

Wiederholendes Hören	CD	Höraufgaben: 1. Beurteile die Singstimme. 2. Wo und wie setzt Biermann Akzente? Warum? 3. Wie setzt Biermann seine Gitarre ein?

Die Ballade von dem Drainage-Leger Fredi Rohsmeisl aus Buckow
(Wolf Biermann)

I
Das ist die Ballade von Fredi Rohsmeisl
Drainage-Leger auf den Äckern um Buckow
Gummistiefel hoch bis zum Bauch
Sein Häuschen links am Fischerkietz.
Bei Lene Kutschinsky war Tanz
Er hat auseinandergetanzt
Mit seiner Verlobten – das war verboten
Na schön ...

II
Junge, ich hab Leute schon tanzen sehn
Junge, das war manchmal schon nicht mehr schön.
Aber schadet uns das?
Nein.

III
Und als er so wild auseinandertanzt
Die Musik war heiß und das Bier war warm
Da hatten ihn plötzlich zwei Kerle am Arm
Und schmissen ihn auf die Taubengasse.
Und schmissen ihn über den Lattenzaun
Und haben ihn in die Fresse gehaun
Und er hatte noch nichts getan
Und hatte den hellblauen Anzug an.

IV
Junge, ich hab Leute schon schlagen sehn
Junge, das war manchmal schon nicht mehr schön.
Aber nützt uns das?
Nein.

V
Da hat Fredi Rohsmeisl beide verrammt
Zwei links zwei rechts er traf genau
Und waren zwei große Kerle die zwei
Halb Buckow sah ihm zu dabei.
Das Überfallauto kam antelefoniert
Hat Fredi halb tot gehaun
Das haben die Buckower Männer gesehn
Und auch die Buckower Fraun.

VI
Junge, ich hab Leute schon zusehn sehn
Junge, das war manchmal schon nicht mehr schön.
Aber nützt uns das?
Nein.

VII
Dann kriegte er einen Prozess an Hals
Als Konterrevolutionär
Wo nahm der Staatsanwalt nur das Recht
Für zwölf Wochen Knast her?!
Seitdem frisst ihn ein stiller Zorn
Und nach dem zehnten Bier
Erzählt er dir seine große Geschichte
Von hinten und auch von vorn.

VIII Junge, ich hab Leute schon weinen sehn
Junge, das war manchmal schon nicht mehr schön.
Aber nützt uns das?
Nein.

IX Und er findet noch kein Ende
Und er ist voll Bitterkeit
Und er glaubt nicht einen Faden
Mehr an Gerechtigkeit.
Er ist für den Sozialismus
Und für den neuen Staat
Aber den Staat in Buckow
Den hat er gründlich satt.

X Junge, ich hab Leute schon fluchen sehn
Junge, das war manchmal schon nicht mehr schön.
Aber nützt uns das?
Nein.

XI Da gingen einige Jahre ins Land
Da gingen einige Reden ins Land
Da änderte sich allerhand
Dass mancher sich nicht wiederfand.
Und als der zehnte Sputnik flog
Da wurde heiß auseinandergetanzt
Der Staatsanwalt war selbst so frei.
Und Fredi sah ihm zu dabei.

XII Junge, ich hab Leute sich ändern sehn
Junge, das war manchmal schon einfach schön.
Aber nützt uns das?
(Ja.)

Aus: Wolf Biermann: Die Drahtharfe. Balladen – Gedichte – Lieder.

Lit	Name: ____________________	Datum: ____________	

Die Ballade von dem Drainage-Leger Fredi Rohsmeisl aus Buckow (Wolf Biermann)

Biermann hat seine sechsstrophige Ballade 1962 geschrieben und 1965 veröffentlicht.

❶ Inhalt:

____

____

____

❷ Worauf lässt die Überschrift schließen?

____

____

❸ Welche umgangssprachlichen Ausdrücke werden in der Ballade verwendet? Warum?

____

____

❹ Aufbau der Ballade:

Handlung:		Buckow (ehemalige DDR)		Kommentar:
____	→	[ ]	→	____
____	→	[ ]	→	____
____	→	[ ]	→	____
____	→	[ ]	→	____
____	→	[ ]	→	____
____	→	[ ]	→	____

Fredi Rohsmeisl

Wolf Biermann

❺ Welche Funktion hat der Refrain?

____

❻ Wofür steht „Buckow" stellvertretend?

____

____

❼ Welche Aussage will Wolf Biermann treffen?

____

____

____

____

____

____

Die Ballade von dem Drainage-Leger Fredi Rohsmeisl aus Buckow (Wolf Biermann)

Biermann hat seine sechsstrophige Ballade 1962 geschrieben und 1965 veröffentlicht.

❶ Inhalt:

Der Drainage-Leger Fredi Rohsmeisl tanzt verbotenerweise auseinander und wird deshalb von zwei Funktionären verprügelt. Er wehrt sich, wird verhaftet und drei Monate lang eingesperrt. Er hasst diesen Staat. Kurze Zeit danach darf der Beat aus dem Westen getanzt werden.

❷ Worauf lässt die Überschrift schließen?

Es geht um einen einfachen Arbeiter namens Fredi Rohsmeisl aus Buckow in Brandenburg, der Entwässerungsrohre verlegt. Da es eine Ballade ist, hat er einen Konflikt zu bewältigen.

❸ Welche umgangssprachlichen Ausdrücke werden in der Ballade verwendet? Warum?

Ausdrücke: schmeißen, Kerle, in die Fresse hauen, verrammen, Knast, einen Prozess an den Hals kriegen. Biermann will damit seine Verbundenheit mit dem einfachen Volk zeigen.

❹ Aufbau der Ballade:

Fredi Rohsmeisl

Wolf Biermann

Handlung:	Buckow (ehemalige DDR)	Kommentar:
Verbot des Tanzstils aus der BRD →	auseinandertanzen →	Schadet uns nicht!
Verprügelung von Stasi-Leuten →	schlagen →	Nützt uns nicht!
Gegenwehr und Verhaftung (Polizei) →	zusehen →	Nützt uns nicht!
Verurteilung zu 12 Wochen Gefängnis →	weinen →	Nützt uns nicht!
Ablehnung des DDR-Staates →	fluchen →	Nützt uns nicht!
Auseinandertanzen ist nun erlaubt. →	sich ändern →	Nützt uns!

ständige Veränderung

❺ Welche Funktion hat der Refrain?

Im Refrain kommt der Kommentar Biermanns zu den Ereignissen zum Ausdruck.

❻ Wofür steht „Buckow" stellvertretend?

Stellvertretend für den Ort stehen die Konflikte des Volkes mit dem Staatsapparat der ehemaligen DDR und seiner inhumanen, brutalen Überwachung der kleinlichen bürokratischen Vorschriften.

❼ Welche Aussage will Wolf Biermann treffen?

Biermann ist überzeugter Sozialist. Er verurteilt in seiner Ballade nicht den Sozialismus an sich, sondern seine Realisierung in der ehemaligen DDR. Er kritisiert das System, das sich in sinnloser und oft inhumaner Bürokratie verliert und damit den kleinen Mann auf der Straße drangsaliert. Werden diese gängelnden Vorschriften des Staates nicht penibelst beachtet, folgen Strafmaßnahmen mit oft brutalen Mitteln, was Biermann am eigenen Leib nur zu oft verspürt hat. Er hofft auf Reformen, die auch die Macht des Staatsapparates beschneiden und dem Einzelnen mehr Freiheit geben.

Karten
Bundesrepublik Deutschland / ehemalige DDR

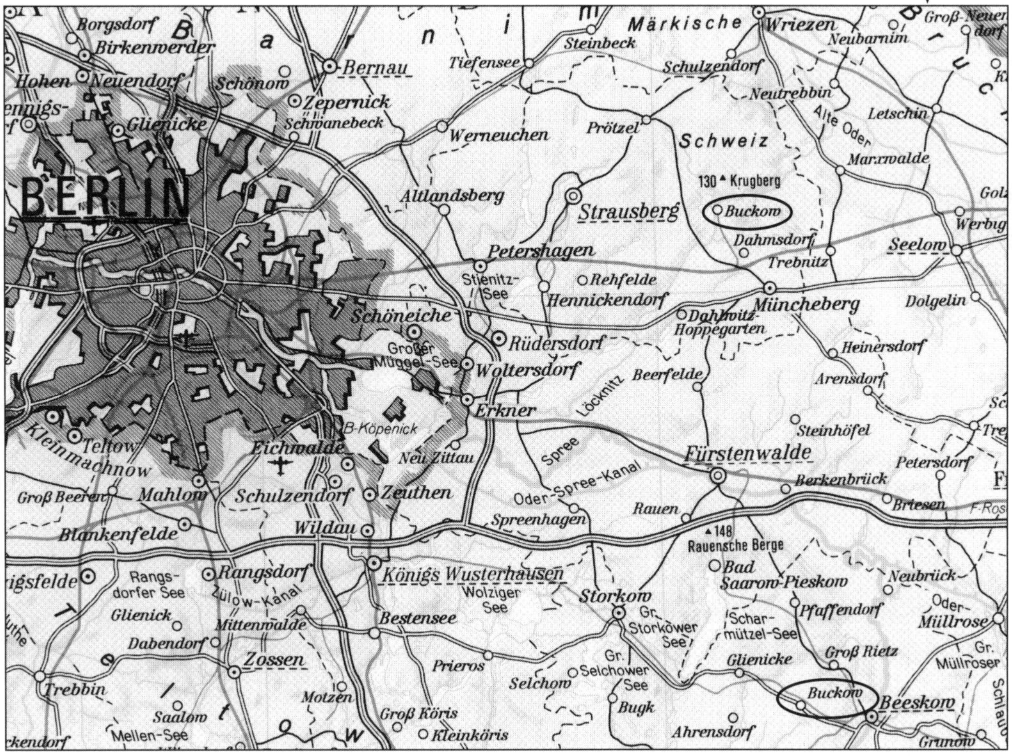

In Brandenburg findet man zwei Städte mit dem Namen „Buckow“.

Wolf Biermann ausgebürgert

16. November 1976. Die DDR-Behörden entziehen dem Liedermacher Wolf Biermann „das Recht auf weiteren Aufenthalt in der DDR". Seine Ausbürgerung leitet eine Verschärfung der Repressalien des ostdeutschen Regimes gegen oppositionelle oder kritische Intellektuelle ein, die zum Massenexodus von Künstlern in den Westen führt.

Der 1936 in Hamburg geborene Biermann siedelte 1953 als überzeugter Sozialist in die DDR über, erregte mit seinen kritischen Texten aber schnell den Missmut der Parteifunktionäre. 1965 erhielt er Reise- und Berufsverbot. Zusammen mit dem Regimekritiker Robert Havemann, der 1964 seinen Lehrstuhl an der Berliner Humboldt-Universität verlor und am 26. November 1976 unter Hausarrest gestellt wird, steht Biermann für die linke Opposition im anderen Deutschland. Beide sind von der DDR als „besserem" deutschen Staat tief überzeugt, wenden sich aber gegen Bürokratie und Unterdrückung der Freiheit.

Neben Biermann und Havemann entstand eine breit gefächerte intellektuelle Bewegung von Künstlern und Schriftstellern, die besonders bei jungen Leuten Anklang fand. Nach dem Abtritt Ulbrichts am 3. Mai 1971 erhofften sich die Oppositionellen mehr künstlerische Freiheit; tatsächlich schwankte der Regierungskurs einige Jahre zwischen Berufsverboten und der Zulassung kritischer Texte.

Biermann erhielt im November 1976 überraschend die Genehmigung für eine Tournee in die BRD. Was wie ein Zugeständnis aussah, entpuppt sich jedoch als Trick der Behörden, um den Querulanten elegant loszuwerden.

Noch am 16. November protestieren zwölf DDR-Schriftsteller öffentlich gegen Biermanns Ausbürgerung; eine massive Welle des Unmuts geht durch das Land. Das SED-Regime reagiert drakonisch mit Festnahmen und Abschiebungen. Verbittert und endgültig enttäuscht wenden sich daraufhin viele Künstler von ihrem Staat ab. Innerhalb kurzer Zeit verlassen u. a. Sarah Kirsch, Jurek Becker, Manfred Krug, Bettina Wegner und Nina Hagen die DDR.

Die ostdeutschen Künstler und Intellektuellen stehen zu ihrem Staat in einem ebenso zwiespältigen Verhältnis wie der Staat zu ihnen. Die DDR gewährt talentierten Kräften eine hervorragende Ausbildung. Auch Popmusiker werden intensiv geschult und ihre Stimmen (z. B. Nina Hagen) und die Instrumentenbeherrschung liegen auf einem Niveau, das weit über dem Durchschnitt in der Populärmusik des Westens liegt. Schriftstellern stehen die Universitäten offen und sie haben ein gesichertes Einkommen. Diese Vorzüge gegenüber ihren Kollegen im Westen genießen die Künstler aber nur, wenn sie sich systemkonform verhalten. Die DDR versucht „ihre Künstler" zu fördern, um ihre internationale Anerkennung als Aushängeschild zu benutzen. Staatskritik hat hier kaum Raum.

Aus: Die Chronik der Deutschen, S. 1085.

BRIGG Pädagogik VERLAG

Der neue Pädagogik-Fachverlag für Lehrer/-innen

BRIGG Pädagogik VERLAG

Materialien für gezieltes Trainieren in Deutsch!

Werner Routil / Johann Zenz

Deutsch – einfach und klar

Vernetzte Übungsformen für den offenen Deutschunterricht

5. Klasse
204 S., DIN A4,
Best.-Nr. 274

6. Klasse
200 S., DIN A4,
Best.-Nr. 275

Mit diesen **vernetzten Arbeitsblättern** decken Sie den Lernstoff des Deutschunterrichts (Lesen, Schreiben, Grammatik, Rechtschreibung) in der 5. und 6. Klasse ab. Aufgaben zur Differenzierung sowie Wortschatzkapitel bzw. Wiederholungsaufgaben zur Unterstützung lernschwächerer Schüler ermöglichen den erfolgreichen **Unterricht in heterogenen Klassen**. Neben den verschiedenen Unterrichtsabschnitten bieten die Bände wichtige Hintergrundinformationen (Lehrplaninhalte und Bildungsziele der jeweiligen Klassenstufe, Bestandteile der Deutschnote, Anregungen für **Lernzielkontrollen**, Monatsthemen u.v.m.). Mit **Schülerbeurteilungsbögen**, **Stoffverteilungsplänen** und **Lösungen**.

Alle Neuerscheinungen tagesaktuell unter: www.brigg-paedagogik.de!

Hubert Albus

Training Deutsch – Aufsatz

Kopiervorlagen zu den neuen Prüfungsaufgaben

9./10. Klasse
88 S., DIN A4,
Kopiervorlagen mit Lösungen
Best.-Nr. 302

14 Textaufgaben zu aktuellen Themen mit passenden Aufgabenblättern nach den **neuen Prüfungsanforderungen** im schriftlichen Sprachgebrauch! Zu jeder Textaufgabe werden **Text-, Aufgaben- und Lösungsblätter** angeboten. **Empfehlungen zur Bepunktung** nach inhaltlichem und sprachlichem Aspekt und passende Notenschlüssel erleichtern die Bewertung der Aufsätze.

Hubert Albus

Training Deutsch – Rechtschreiben

Kopiervorlagen zu den neuen Prüfungsaufgaben

9. Klasse
92 S., DIN A4,
Kopiervorlagen mit Lösungen
Best.-Nr. 303

27 interessante Diktattexte mit passenden Arbeitsblättern nach den **neuen Prüfungsanforderungen**! Zu jedem Diktattext wird ein **Arbeitsblatt** angeboten. Alle Diktattexte sind in **vier Anforderungsstufen** eingeteilt. Mit wichtigen Hinweisen zum **Diktat** der Texte, zur Korrektur, **Bewertung** und **Benotung** sowie passenden Notenschlüsseln.

Bestellcoupon

Ja, bitte senden Sie mir / uns mit Rechnung

______Expl. Best-Nr. ____________________

______Expl. Best-Nr. ____________________

______Expl. Best-Nr. ____________________

______Expl. Best-Nr. ____________________

Meine Anschrift lautet:

____
Name / Vorname

____
Straße

____
PLZ / Ort

____
E-Mail

____
Datum/Unterschrift — Telefon (für Rückfragen)

Bitte kopieren und einsenden/faxen an:

Brigg Pädagogik Verlag GmbH
zu Hd. Herrn Franz-Josef Büchler
Zusamstr. 5
86165 Augsburg

☐ Ja, bitte schicken Sie mir Ihren Gesamtkatalog zu.

Bequem bestellen per Telefon / Fax:
Tel.: 0821 / 45 54 94-17
Fax: 0821 / 45 54 94-19
Online: www.brigg-paedagogik.de